KB240188

소통하는 리더에게 필요한

글로벌 유머

소통하는 리더에게 필요한

글로벌 유머

강길원 엮음

미래문화사

유머를 통하여 행복해지기를

오래 전, 한 연구기관에서 여성들이 배우자를 선택하는 기준을 조사한 결과 3M을 갖춘 남자를 우선적으로 선택하는 것으로 나타났다. 첫 번째는 돈Money, 두 번째는 매너Manners, 세 번째는 무드Mood가 있어야 한다는 것이다. 하지만 지금은 시대가 바뀌었다. 물론 위 세 가지는 기본이고, 거기에 3H가 더해져야 100점짜리 남성이라고 한다.

3H는 첫 번째로 건강Health해야 하며, 두 번째는 겸손Humble해야 하고, 그리고 세 번째는 유머Humor가 있어야 한다고 했다. 이 중에 한국 남성들에게 가장 취약한 부분은 유머다. 남이 들려주면 즐겁게 듣고 웃기는 하지만 정작 남에게 전달하는 표현력은 부족하다는 이야기다.

유머에는 딱딱한 분위기를 부드럽게 바꾸거나 서먹한 관계를 금방 친근하게 맺어주는 마력魔力이 있다. 행복해서 웃는 것이 아니라 웃어서 행복해지고, 즐거워서 유머를 하는 것이 아니라 상황에 맞춰 던지는 한 마디의 유머가 모두를 즐겁게 만들어 주는 것이다.

세계적인 심리학자 Victor Frankl은 '인간으로서 최고의 성공은 남을 행복하고 즐겁게 해주는 것'이라고 하였다. 그 방법의 첫째는 돈 들이지 않고 남을 행복하고 즐겁게 해주는 유머를 꼽을 수 있을 것이다.

세계의 Top class 리더들은 중대한 일을 논의하는 회의석상에서도 분위기를 유머로 이끌어나가거나 위기를 맞아도 적절한 유머를 통한 임

기응변으로 문제를 해결한다.

지금은 국제화 시대이다.

이제 국내에서 뿐만 아니라 세계 어느 나라 사람을 만나더라도 유창한 국제 언어로 가깝고 친근한 사이를 만들 수 있어야 한다.

미국 미시간 대학에서 연구한 결과에 의하면 유머감각이 있는 사람들은 독창적이고, 현실적이며, 자신감을 가지고 있다고 한다. 따라서 유머를 잘 활용하면 운명까지도 바꿀 수 있다는 이야기다.

다이앤 존슨은 '웃음은 인생이라는 토스트에 바른 잼이다. 풍미를 더해주고, 빵이 마르지 않게 하며, 삼키기 쉽게 해 준다.'고 말했다. 유머의 본질을 정확하게 지적한 말이다.

자칫 유머를 품위를 추락시키는 저급한 문화로 폄훼하는 경우가 있는데 이는 유머의 본질과 위대성을 모르는 사람의 짧은 소견에 불과하다.

유머를 품위 있게 구사하는 사람이야말로 도량이 크고, 두뇌가 명석하며, 학식이 풍부한 사람이다.

– 세상의 모든 사람들이 유머를 통하여 행복해지기를 바라는 마음으로 이 책을 드립니다.

2010년 7월

엮은이

처방전

의사 : 주인 양반께서는 휴식을 많이 하셔야겠습니다. 수면제를 처방
해드리겠습니다.

부인 : 그럼 수면제를 언제 복용하게 할까요?

의사 : 아닙니다. 그건 부인께서 복용하셔야 합니다.

 ## 処方せん

医者: ご主人さんは休息をたくさんとらなければなりません.
睡眠薬を処方して上げます.

奥さん: それでは睡眠薬をいつ服用するようにしましょうか?

医者: いいえ. それは奥さんが服用なさらなければなりません.

 ## Prescription

Doctor : Your husband needs some rest. I will prescript some
sleeping pills.

Madame : When should my husband take the sleeping pill?

Doctor : You are the one to take sleeping pill.

성형 견적서

못생긴 여자가 성형수술을 시켜달라고 남편을 졸랐다.

남편은 아내의 시달림에 견디다 못 해 나머지 솜씨가 가장 좋다는 성형외과를 아내와 같이 찾아갔다.

남편 : 저… 견적이 어느 정도 나오나요?

그러자 의사는 한참을 망설이다 말했다.

의사 : 수술비를 그냥 위자료로 쓰시고, 새 장가를 드시죠. 결혼비용까지 충분할 것 같습니다.

成形 見積書

醜い女が成形手術をさせてくれと言って夫にせがんだ.

夫は妻のうるささに耐えきれず 腕前が一番いいと言われる成形外科に妻と一緒に訪ねた.

夫：あの、、、見積もりはどのくらい掛りますか?

すると医者はしばらくしてためらうように言った.

医者：手術費をそのまま慰謝料として払って、新しく結婚をしたらいい 結婚費用まで充分のようです.

Plastic Surgery Estimate

Ugly woman asked her husband to have plastic surgery.

Husband went to meet best plastic surgeon with his wife after endless nagging.

husband : How much should I prepare?"

Doctor hesitated for a while and said,

Doctor : Well, you can use surgery fee for compensation and remarry. Surgery fee will even pay for wedding expense.

 pay for : 지불하다

부시의 명답

술에 취한 두 사람이 함께 걷고 있었다.

한 주정꾼이 말했다.

"멋진 밤이야, 저 달 좀 봐."

또 다른 주정꾼이 말했다.

"아냐! 틀렸어. 그건 해야."

두 주정꾼의 말다툼은 시작되었고, 마침 지나가는 부시에게 물었다.

"저기 하늘에서 빛나고 있는 것이 달입니까, 해입니까?"

부시 왈,

"미안합니다, 제가 이 동네에 살고 있지 않아서…."

 ## ブッシュの名答

酒に酔った二人が一緒に歩いていた.

一人の酔っぱらいが言った.

"素敵な夜だ, あの月ちょっと見て."

もう一人の酔っぱらいが言った.

"いや！違うあれは太陽だ."

二人の酔っぱらいのけんかが始まった, ちょうど通り過ぎるブッシュに聞いた.

"あの空で輝いているのは月ですか, 太陽ですか?"

ブッシュ曰く,

"申し訳ありません, 私はこの町内に住んでいなくて…."

Bush's Answer

Two drunken men walked together.

A man said,

"Beautiful night! Look at the moon."

The other man said,

"You're wrong. That's not the moon, but is the sun."

Two drunk men argued… There was a passerby whoese name was Bush and he was asked,

"Is it the moon or the sun which shines on the sky?"

Bush answered,

"I'm sorry, but I don't live neighborhood…."

🐾 현명한 생각

앞을 못 보는 다나까가 안내견을 데리고 산책을 하고 있었다. 그런데 개가 다리를 들더니 다나까의 바지에 오줌을 싸는 것이었다.

그러자 다나까, 주머니에서 과자를 꺼내 안내견에게 주려고 했다.

지나가던 남자가 그 광경을 보고 한마디 했다.

"당신은 개가 바지에 오줌을 쌌는데 어째서 과자를 줍니까? 나 같으면 머리를 한 대 때렸을 텐데."

그러자 다나까가 말했다.

"과자를 줘야 머리가 어딨는지 알지 않겠소?"

🐾 賢明な考え

目が見えない田中が盲導犬を連れて散歩をしていた. ところが犬が足をあげて田中のズボンに小便をひっかけた.

すると田中は, ポケットからお菓子を取り出して盲導犬にあげようとした.

通り過ぎる男がその光景を見て一言いった.

"あなたは犬がズボンに小便をひっかけたのにどうしてお菓子をあげるんですか? 私なら頭を一発殴るでしょうに."

すると田中が言った.

"お菓子をあげたら頭がどこかわかるだろう!"

Clever Thought

A blind man whose name was Danaka was walking with a guide dog.

They walked for a while and the guide dog peed on blind man's pants.

Danaka tried to give a cookie to the guide dog.

A passerby saw the scene and asked,

"Why do you give a cookie to the dog who peed on you?

If I were you, I will smash his head⋯."

Danaka replied,

"I had to give him the cookie to find his head!"

 If I were you : 내가 너라면

어떤 철학자가 서재에서 종이에 '인생에 필요한 것은 무엇인가?' 라고 쓴 다음 생각에 잠겨 있는데, 부인이 들어와 뒤에서 목을 껴안으며 속삭였다.

"여보, 좀 쉬었다 해요!"

"조금만 더 있다가 쉬리다."

철학자는 부인을 내보내고 나서 '인생에 필요한 것은 사랑이다.' 라고 썼다.

그리고 잠시 후, '그럼 사랑에는 무엇이 필요한가?' 라고 쓴 다음 다시 골똘히 생각에 잠겨 있는데 또 부인이 들어와 속삭였다.

"여보, 난 지금 사랑이 필요해요!"

하는 수 없이 아내와 침실로 들어간 그는 얼마 후 핼쑥한 얼굴로 서재로 돌아와 이렇게 썼다.

'사랑에 필요한 것은 몸보신이다!'

 悟り

ある哲学者が書斎で紙に '人生に必要なことは何か?' と書いた後考え込んでいると、奥さんが入って来て後ろから首を抱えこみながらささやいた.

"あなた，ちょっと休んでからしたら!"

"もうちょっとしたら休むよ."

哲学者は奥さんを出してから '人生に必要なことは愛だ.' と書いた.

そしてしばらくして，'それでは愛には何が必要なのか？'と書いた後また物思いにふけっているとまた奥さんが入って来てささやいた．
"あなた，私は今愛が必要です！"
仕方なく妻と寝室に入って行った彼はしばらくして青白い顔で書斎に帰って来てこのように書いた．
'愛に必要なことは体力補強だ！'

 ## Enlightenment

A philosopher wrote, 'What are needed for a life?' in his study and thought. His wife came to room and hugged him from behind.

She whispered,

"Honey, get some rest."

"Later..."

After his wife left the study, philosopher wrote.

'Love is needed in life'.

He also wrote, 'Then what are needed for love?' and thought. His wife came and whispered again.

"Honey, I need to make love, now!"

He went to the bedroom with her and went back to his study. He wrote.

Tonicking is needed for love!'

 get some rest : 조금 쉬다 / make love : 잠자리 하다

신비한 숫자

142857에 1부터 6까지 차례로 곱해보자.

142857 × 1 = 142857   142857 × 2 = 285714

142857 × 3 = 428571   142857 × 4 = 571428

142857 × 5 = 714285   142857 × 6 = 857142

142857 에 7을 곱하면 얼마일까?

답은 놀랍게도 999999 이다.

게다가 142 + 857 = 999 이고, 14 + 28 + 57 = 99이 된다.

마지막으로 142857을 제곱하면 얼마일까?

답은 20408122449 이고, 이를 반으로 잘라서

20408 + 122449 하면 142857이 된다.

 ## 神秘な数字

142857に 1から 6まで順番に掛けて見よう.

142857 X 1 = 142857 142857 X 2 = 285714

142857 X 3 = 428571 142857 X 4 = 571428

142857 X 5 = 714285 142857 X 6 = 857142

142857 に 7を掛ければいくらになるだろう?

答は驚くべきことに 999999 である.

それに 142 + 857 = 999 で , 14 + 28 + 57 = 99 になる.

最後に 142857 を二乗すればいくらになるだろう?

答は 20408122449 で, これを半分に切って

20408 + 122449 にすれば 142857になる.

Mysterious Number

First, multiply 148257 from 1 to 6.

142857 × 1 = 142857   142857 × 2 = 285714

142857 × 3 = 428571   142857 × 4 = 571428

142857 × 5 = 714285   142857 × 6 = 857142

See, same numbers, but different combination. Isn't it mysterious?

Second, multiply 148257 by 7.

The answer is 999999.

In addition to these, 142 + 857 = 999, and 14 + 28 + 57 = 99

Finally, square 148237.

148257 × 148257 = 20408122449

20408 + 122449 = 142857

 in addition to : ~에 더하여, ~일뿐 아니라

소방수의 고충

한밤중에 고층 건물에 화재가 나 불길에 휩싸였다.

그런데 10층 창문 앞에서 미모의 아가씨가 속이 훤히 비치는 잠옷만 걸친 채 살려 달라고 외치고 있었다. 용감한 소방수가 사다리를 타고 올라가 위험 속에서 무사히 그 아가씨를 구출해 냈다.

"고맙습니다. 저를 안고 내려오시느라 무척 힘드셨죠?"

그러자 소방수는 고개를 흔들었다.

"아닙니다. 그보다 더 어려웠던 것은 아가씨를 구하러 올라가기 전에 제 동료 두 명을 쓰러뜨리는 것이었어요."

 ## 消防士の苦しい情

真夜中に高層建物に火事が起こって炎に包まれた.

ところが 10階の窓の前で美貌のお嬢さんが、中がほんのりと透ける ネグリジェを着て助けてくれと叫んでいた. 勇ましい消防士が梯子に 乗って上がって危険の中で無事にそのお嬢さんを救出した.

"ありがとうございます. 私を抱いて降りるのはすごく大変だったで しょ?"

すると消防士は頭を振った.

"いいえ. それよりもっと大変だったことはお嬢さんを助けに上がる前 に私の仲間二人を倒すことでした."

Fire Fighter's Difficulties

A high rise building was on fire at night.

There was a beautiful woman with pajamas hanging at the 10th floor window.

A brave fire fighter climbed a ladder and saved a beautiful woman in danger.

"Thank you. You have had a hard time to bring me down, haven't you?"

Fire fighter shook his head.

"No. The hardest part was falling two co-workers before I went up to save you."

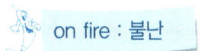 on fire : 불난

불량 마누라

아버지의 임종을 보기 위해 삥 둘러앉아 있는 자식들에게 지난 날을 회고하며 유언을 했다.

그리고 유언이 끝나자 거의 다 죽어가는 목소리로 말했다.

"얘들아, 너희 엄마의 음식 솜씨를 따라갈 사람은 세상에 아무도 없단다. 지금도 너희 엄마가 만드는 부침개 냄새가 나는구나. 죽기 전에 마지막으로 맛을 봐야 편히 눈을 감겠다. 얘, 막내야! 가서 부침개 한쪽만 갖다 주겠니?"

잠시 후, 막내가 빈손으로 돌아오자 아버지가 실망하며 물었다.

"어째 빈손이니?"

막내는 난처한 표정을 지으며 말했다.

"내일 문상 오시는 손님들 대접할 것밖에 없어 지금 아버지께 드릴 수 없다는데요~~~."

 ## 不良妻

お父さんの死に際をみとるためにぐるっと囲んですわっている子たちに、過ぎた日を懐かしみながら遺言を言った.

そして遺言が終わるとほとんど死にそうな声で言った.

"おまえたちの ママの料理の腕前に敵う者は世の中に誰もいないよ. 今もおまえたちのママの作るチヂミのにおいがするね. 死ぬ前に最後に食べれたら楽に死ねる. ねえ, 末っ子よ! 行って

チヂミ一かけらだけ持ってきてくれないか?"

しばらくして，末っ子が手ぶらで帰って来るとお父さんががっかりしながら聞いた.

"なぜ手ぶらなの?"

末っ子は困った顔をしながら言った.

"明日弔問にいらっしゃるお客さんたちにもてなすものしかなくて今お父さんに差し上げることができないんだって."

 Bad Wife

Father's death bed was surrounded by his children. Father thought back old days and said his will. After the will, father said with very weak voice.

"Your mom is the best cook in the world. I can smell her pancake now. I would love to have her pancake before I die. My son, will you bring me a slice of pancake?"

He came with nothing. Father asked.

"How come you're with empty hands?"

He gave a wrong face,

"Mom said... There's nothing for you, but for the mourners who are coming tomorrow..."

---

 be surrounded by : ～에 둘러 싸이다 / with empty hands : 빈손으로 /

wrong face : 찌푸린 얼굴

눈치 없는 할머니

어느 할머니가 아침 일찍 백화점 문을 열고 들어가는 순간 팡파르가 울리며 폭죽이 터졌다.

깜짝 놀라 영문을 몰라 하는데 백화점 사장과 직원들이 우르르 몰려왔다.

"할머님! 축하드립니다. 저희 백화점의 백만 번째 고객님이 되셨습니다. 축하금 100만 원을 드리겠습니다."

할머니는 엉겁결에 봉투를 받았는데 백화점 사장이 할머니에게 물었다.

"근데, 할머니 뭘 사러 오셨나요?"

그러자 할머니,

"응! 어제 샀던 물건 물리러 왔어…"

 ## 気が利かないお婆さん

あるお婆さんが朝早くデパートのドアを開けて入った瞬間ファンファーレが鳴って爆竹が鳴った.

びっくりしてわけが分からずにいるとデパートの社長と職員たちがぞろぞろ群がって来た.

"お婆さん! おめでとうございます. 当デパートの百万人目のお客様になりました. 祝い金 100万ウォンを差し上げます."

お婆さんは我知らず封筒を受けたがデパートの社長がお婆さんに聞いた.

"ところで, お婆さん何を買いにいらっしゃいましたか?"

するとお婆さん,

"うん! 昨日買った品物を返しに来たの…."

Senseless Old Lady

An old lady went to the department store early in the morning. When she entered the department store, fire crackers blew and sounded a fanfare.

She was surprised and the owner of department stores and employees came to her.

"Congratulations! You are the one millionth customer. We will give you W1,000,000."

She took the envelope and the owner asked her.

"By the way, what are you going to buy?"

The old lady said.

"I came here for refund..."

 ## 머리가 둘

미니스커트를 입은 효리가 추운 겨울 날 발을 동동 구르며 30분이 넘게 택시를 기다렸다.

그러다 빈 택시 한 대를 간신히 잡는 순간, 어떤 남자가 자기가 먼저 잡았다며 재빠르게 올라탔다. 화가 난 효리가 말했다.

"다리가 세 개라 빠르기도 하다."

그러자 남자가 말했다.

"그년, 입이 두 개라 말도 잘 하네."

택시가 출발하는 순간 효리가 한 마디 더했다.

"그 자식, 머리가 두 개라 잘도 돌아가네."

 ## 頭がふたつ

ミニスカートをはいたヒョリが寒い冬の日足をばたばた踏みならしながら30分あまりタクシーを待った.

そうして空車のタクシー一台を辛うじて捕まえた瞬間，ある男が自分が先に捕まえたととっさに乗りこんだ. 頭に来たヒョリが言った.

"足が三つだから早いんだな."

すると男が言った.

"この女，口が二つだから言葉も上手だね."

タクシーが出発する瞬間ヒョリが一言また言った.

"この野郎，頭が二つだからよく知恵が回るな."

2 Two Heads

Hyori was wearing a short skirt and waiting for a taxi more than 30 minutes at a cold winter night. She grabbed a taxi and a guy came and got into the taxi saying he caught.

Angry Hyori said.

"You're so fast with three legs."

The man replied.

"Bitch, you speak well with two mouths."

By the time, the taxi left, Hyori said.

"Jerk! You think well with two heads."

 get into : ~에 들어가다, 타다

현명한 의사의 진단

어느날, 용녀가 남편에게 물었다.

"당신은 부모님, 나, 아이들이 물에 빠진다면 누구부터 구할 거예요?"

남편은 조금도 망설이지 않고 부모님이라고 대답했다.

용녀는 속으론 화가 났지만 꾹 참고 다음은 당연히 나겠지 하고 기대하면서 다음은 누구냐고 물었다. 하지만 남편은 아이들을 선택했다.

충격을 받은 용녀는 급기야 심한 우울증에 걸려 정신병원을 찾았다.

자초지종을 다 들은 의사는 대수롭지 않다는 듯이 말했다.

"용녀 씨! 그렇게 상심하지 말고 수영을 배우시면 되잖아요!"

 ## 賢明な医師の診断

ある日，妻が夫に聞いた.

"あなたは両親，私，子供達が水に溺れたら誰から助けるんですか?"

夫は少しもためらわないで両親だと答えた.

妻は胸の中では頭に来たが堪えて次は当然私だろうと期待しながら次は誰なのと聞いた. しかし夫は子供達を選択した.

ショックを受けた妻はついにひどい鬱病にかかって精神病院を訪ねた.

一部始終をすべて聞いた医師はたいした事ではないように言った.

"奥さん! そんなに心を痛めずにスイミングを習えば良いでしょう!"

A Clever Doctor's Diagnosis

There was a married couple. One day, Yongnyo asked to her husband.

"If your parents, our children, and I were drowned in the water, who will you save first?"

Husband told he would save his parents.

Even Yongnyo was angry but thought she would be the next person to be saved. She asked who would be the next.

Husband answered.

"I can have a new wife. I will choose the children."

Yongnyo was very shocked and had depression. She went to the psychiatrist.

The doctor was watching her crying while she told her story.

"Well, don't be so upset. Why don't you learn swimming?"

최고의 술안주

한 식인종이 친구와 함께 맛있기로 소문난 고기집에 갔다.

메뉴판을 보니 모든 고기가 2만 원인데 유독 정치인의 고기만이 특선 메뉴로 25만 원 이었다. 이상히 여긴 식인종이 식당 주인에게 물었다.

"정치인 고기는 금가루라도 뿌렸습니까? 얼마나 맛있길래 이렇게 비싸지요?"

그러자 식당 주인이 말했다.

"깨끗하게 씻기가 너무 힘들어서요. 그래도 오래 씹다보면 입은 좀 아프겠지만 술안주로는 최고지요."

 ## 最高のおつまみ

人食い人種が友達と一緒においしいとうわさのある焼き肉屋に行った. 献立を見たらすべての肉が 2万ウォンなのに特に政治家の肉だけが特選メニューで 25万ウォンであった. 不思議に思った人食い人種が食堂の主人に聞いた.

"政治家の肉は金粉でも振り掛けたんですか? どのくらいおいしくてこんなに高いの?"

すると食堂の主人が言った.

"きれいに洗うのがとても大変だからです. それでも長くかんだら口はちょっと痛いがおつまみとしては最高です."

Best Side Dish

A cannibal visited another cannibal tribe village far from his village.

He went to a famous BBQ place with his friend. On the menu all the meats costed W20,000, but only one meat which called 'politician' costed W250,000.

He asked the restaurant owner.

"Did you sprinkle gold powder on politician meat? It's so expensive. It must be very delicious. Huh?"

The restaurant owner replied,

"Politician meat is so hard to clean and wash. But even it's chewy, it's the best side dish when you drink."

it must be~ : ~일꺼야

막가는 부부

드라이브를 즐기던 부부가 사소한 일로 말다툼을 벌였다.

서로 말도 않고 썰렁하게 집으로 돌아오는데 문득 차창 밖으로 개 한 마리가 얼쩡거리는 게 눈에 띄었다. 남편이 아내에게 빈정대며 말했다.

"당신 친척이잖아, 반가울 텐데 인사나 하시지."

남편의 말이 떨어지기가 무섭게 아내가 그 개에게 소리쳤다.

"안녕하셨어요! 시아버님~!"

見境のない夫婦

ドライブを楽しんでいた夫婦がささいなことでけんかをした.

お互いに言葉もなくてひんやりとした雰囲気で家に帰って来てふと車窓の外を犬一匹がうろついているのが目にとまった.

ご主人が妻に皮肉りながら言った.

"あなたの親戚じゃないの, 嬉しいだろうにあいさつしたら."

ご主人の言葉が終わるや否や妻がその犬に叫んだ.

"お元気でしたか! お義父様!!!"

Unbelievable Couple

A married couple who enjoyed driving had a fight over nothing.

They didn't talk on the way back home and found a dog at the outside of car window.

Husband bantered to his wife.

"Your relative is here. Why don't you say hello?"

Right after he said, wife was screaming to the dog.

"Hello! Father-in-law!"

 over nothing : 아무것도 아닌 일에 / say hello : 안부 전하다, 인사하다

건강진단

병원에서 최불암이 건강진단을 받는데, 의사선생이 소변을 받아오란다.

그는 재빨리 집에 가서 큰 병에 가득 소변을 담아왔다.

의사선생 : 무슨 검사를 받으실 건데 이렇게 많이 가지고 오셨습니까?

남자 : 흠, 좀 많은가요? 이왕 가져 왔으니 그냥 해 주세요.

검진 결과 아무 이상이 없자 최불암은 재빨리 가족에게 전화를 걸었다.

"여보, 우리 가족 모두 건강하대요."

 ## 健診

病院でチェブラムが健診を受けるのに，医者が小便を持って来なさいと言った.

彼はすぐ家に行って大きな瓶にいっぱい小便を入れて来た.

医者 : 何の検査を受けるのにこんなにたくさん持って来たんですか?

男 : うん，ちょっと多いでしょうか? どうせ持って来たんだからそのまましてください.

検診結果は何の異常もなくチェ・ブラムはすぐに家族に電話をかけた.

男 : おかあさん，うちの家族皆元気だって.

Medical Checkup

Choi Bulam was getting a medical checkup and the doctor wanted him to get urine sample.

He went to his house and returned with a big bottle of urine.

Doctor : "You brought a lot..."

Man : "I did. Go ahead with the checkup."

Test result came. Nothing wrong with urine.

He called his family right away.

"Honey, everybody is healthy in our family. Don't worry."

마지막 소원

한 순간의 실수로 살인자가 된 사형수.

사형 집행을 앞두고 집행관이 물었다.

"마지막 소원이 무엇이냐?"

"저는 반드시 죽어야 합니까?"

"그래, 그것만은 어쩔 수 없다."

"그러면 마지막 소원이니 제가 원하는 방법으로 죽게 하여 주십시오."

"그거야 들어 줄 수 있지. 그 방법이 무엇이냐? 전기의자? 가스실? 교수형? 아니면 총살?"

"아니요. 그냥 늙어서 죽는 게 소원입니다."

最後の願い

一瞬間の間違いで殺人者になった死刑囚.

死刑執行を前に執行官が尋ねた.

"最後の願いは何だね?"

"私は絶対に死ななければなりませんか?"

"そう, それだけは仕方ない."

"それでは最後のお願いだから私が願う方法で死ねるようにしてください."

"それは聞き入れることができる. その方法が何だね? 電気椅子?

ガス室? 絞首刑? それとも銃殺?"

"いいえ. このまま老いて死ぬのが願いです."

 # Last Wish

A guy made a mistake to kill a person and became a condemned criminal.

Right before the execution, executioner asked.

"What is your last wish?"

"Do I have to die?"

"You can't avoid it."

"Then it is my last wish that you kill me the way I want."

"What kind of method do you want? Electrocution? Chamber? Hanging? Shot dead?"

"No. I want to die when I get old."

 make a mistake : 실수 하다

이건 경비아저씨 물건 아니야?

수녀가 되고 싶은 아가씨 3명이 수녀원 원장을 찾아갔다.

원장은 사전에 자격을 테스트해야 한다며 '남자의 거시기를 그려오라'고 했다.

친구 2명은 남자의 거시기를 잘 알면서도 백합과 장미를 각각 그려서 제출했다.

그런데 거시기를 진짜 모르는 아가씨는 고민 끝에 수녀원 경비원을 찾아가 부탁했다. 그래서 경비원이 그려 준 남자의 거시기 그림을 원장에게 주는 순간 원장이 깜짝 놀라 소리쳤다.

"야! 이건 경비원의 물건 아니야?"

 ## これは警備員の物ではないのか?

修道女になりたい娘 3人が修道院の院長を訪ねた.

院長は前もって資格をテストしなければならないと '男のあれを描いて来なさい!' と言った.

友達 2人は男のあれをよく知りながらも百合とローズをそれぞれ描いて提出した.

ところがあれを本当に知らない一人は悩んだあげく修道院の警備員を訪ねて頼んだ. それで警備員が描いてくれた男のあれの絵を院長に渡した瞬間院長がびっくりして叫んだ.

"やあ! これは警備員の物ではないのか?"

Isn't it a Guard's Dick?

Three women who wanted to become nuns went to the Mother Superior.

Mother Superior gave them a test.

She said.

"Draw a dick"

Two women knew how dick looked, but drew a lily and a rose.

However, one woman who really didn't know how dick looked went to the guard and asked. Mother Superior was shocked when she saw the drawing of the guard.

"Isn't it a guard's dick?"

 Mother Superior : 수녀원장

초보운전

나까무라가 면허를 따고 차를 사서 몇 차례 시운전을 한 다음 자신이 생기자 고속도로를 이용하여 첫 출근을 하게 되었다.

한참 달리고 있는데 부인한테 전화가 왔다. 부인의 급한 목소리,

"여보, 지금 뉴스를 보고 있는데 당신이 가고 있는 그 고속도로에 웬 미친놈의 차 한 대가 역주행하여 달린다고 하니 조심해요."

그러자 나까무라 왈,

"자기야, 지금 역주행하는 차가 한 대가 아니라 수백 대가 넘어!"

 ## 初心者運転

中村が免許を取って車を買って何回か試運転をした後自信がついて高速道路を利用しての初出勤をすることにした.

しばらく走っていると奥さんから電話があった. 奥さんが慌てた声で,

"あなた, 今ニュースを見ていたらあなたが走っているその高速道路にある気違いの車一台が逆走行していると言っているから気を付けてね."

すると中村曰く,

"おい, 今逆走行している車が一台ではなく数百台を越えてるぞ!"

New Driver

Nakamura got the driver's license, and he did several test driving. He decided to drive to his office and took the highway. He was driving and his wife called with desperate voice and said.

"Honey, I am watching TV news and a crazy guy is driving the highway where you are. Be careful. He's driving back direction."

Nakamura said.

"There are more than hundreds car which are driving back direction"

 be careful : 조심하세요

할머니의 계산법

한 할머니가 택시를 탔다.

"나 용산까지만 태워줘!"

"네"

그리고 20분 뒤.

"할머니 다 왔습니다. 5천 원입니다."

"자 여기 있어."

그러면서 2500원을 내밀었다. 황당해진 택시기사가 말했다.

"할머니! 오천 원인데요?"

그러자 할머니의 말씀,

"당신도 같이 타고 왔잖어!"

 ## お婆さんの計算法

あるお婆さんがタクシーに乗った.

"私を竜山まで乗せてくれ!"

"はい"

そして 20分後.

"お婆さん着きましたよ. 5千ウォンです."

"はい どうぞ."

と言いながら 2500ウォンを出した. おかしいと思った

タクシー運転手が言った.

"お婆さん! 五千ウォンですよ?"

するとお婆さんの一言,

"あなたも一緒に乗って来たんじゃないの!"

 ## Old Lady's Math

An old lady got into a taxi and asked.

"Take me to Yongsan."

Twenty minutes passed and driver said.

"Ma'am. We're at Yongsan. The fare costs W5,000."

She handed W2,500.

Surprised taxi driver said.

"Ma'am. The fare costs W5,000."

"You shared the car."

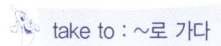 take to : ~로 가다

 ## 장인어른 빽으로

목사님이 노방에서 전도를 했다.

"예수 믿고 천국에 가십시오."

그러자 어떤 사람이 다가와서 말했다.

"목사님! 저는 교회에 나가지 않아도 장인어른 빽으로 천국에 갈 수 있을 것 같습니다."

목사님은 그 사람의 말이 엉뚱해서 의아한 눈빛으로 물었다.

"아니, 장인어른이 누구신데요?"

"내 아내가 매일 기도를 할 때마다 '하나님 아버지! 하나님 아버지!' 라고 기도를 하더라구요. 그러니 우리 장인어른이 사위도 천국으로 보내주시겠죠, 뭐!"

 ## 妻の父のコネで

牧師が路傍で伝道をしていた.

"イエス様を信じて天国へ行きましょう."

するとある人が近付いて来て言った.

"牧師様! 私は教会に行かなくても妻の父のコネで天国へ行くことができるようです."

牧師はその人の言葉が突拍子もなくて疑わしい目つきで聞いた.

"あの、、、奥さんのお父さんはどなたですか?"

"私の妻が毎日祈祷をする度に '神様お父さん! 神様お父さん!' と祈祷をするんですよ. だから私の妻の父が婿も天国に送ってくれますよ!"

With My Father-in-Law's Supports

A pastor was preaching on the street.

"Believe Jesus Christ and go to heaven."

A man said.

"Pastor, I will go to heaven even I don't go to church because of my father-in-law."

The pastor was curious and asked the man.

"So, who is your father-in-law?"

"Whenever my wife prays at home she keeps saying 'Lord, my father! Lord, my father!'

so I can go to heaven because of my father-in-law."

 ## 비아그라

연로한 아버지 부시가 아들 부시의 책상 서랍에서 비아그라를 발견했다.

"이 약 먹으면 효과가 있니?"

"아버지 그 약 굉장히 비싸거든요, 한 알에 10달러나 해요."

다음 날, 아들 부시의 밥그릇 밑에 110달러가 놓여 있었다.

"아버지, 비아그라는 10달러인데 웬 110달러나……?"

"응, 10달러는 내가 준 돈이고, 100달러는 네 엄마가 주는 돈이란다."

 ## バイアグラ

年老いているお父さんブッシュが息子ブッシュの机の引き出しから
バイアグラを見つけた.

"この薬を飲めば効果があるの?"

"お父さんその薬とても高いんですよ, 一錠10ドルもします."

翌日, 息子ブッシュの食器の下に110ドルが置かれていた.

"お父さん, バイアグラは10ドルなのになぜ110ドルなの……?"

"うん, 10ドルは私があげたお金で, 100ドルは君のお母さんがあげた
お金だそうだ."

Viagra

Bush Sr. found Viagra at Bush Jr.'s desk.

"It works well?"

"Dad, it's very expensive. One costs $10."

The following day Bush Jr. found $110 under the dish.

"Dad, Viagra costs $10, but it is $110..."

"Son, $10 is from me and $100 from your mom."

아내 사진의 효과

오다께는 항상 부인의 사진을 지갑에 넣고 다녔다.

아내는 그런 남편이 너무 고마워 그 이유를 물었다.

부인 : 당신은 왜 항상 내 사진을 지갑 속에 넣고 다녀요?

남편 : 아무리 골치 아픈 것이 있어도 당신 사진을 보면 씻은 듯이 잊게 되거든….

부인 : 당신에게 내가 그렇게 신비하고 강력한 존재였어요?

남편 : 그럼, 당신 사진을 볼 때마다 내 자신에게 이렇게 얘기하거든.

　　　'이것보다 더 큰 문제가 어디 있을까?'

 ## 妻の写真の効果

大竹はいつも奥さんの写真を財布に入れている.

妻はそんなご主人がとてもありがたくてその理由を聞いた.

奥さん : あなたはどうしていつも私の写真を財布の中に入れているの?

ご主人 : いくら頭の痛い事があってもあなたの写真を見れば洗われるように忘れられるから….

奥さん : あなたにとって私がそんなに神秘的で力強い存在だったんですか?

ご主人 : そうだよ, あなたの写真を見る度に自分自身にこんなふうに話すんだ.

　　　'これよりもっと大きい問題がどこにあるのか?'

Effect of Wife's Picture

Odake always carried wife's picture in his wallet.

His wife was very happy and asked him.

Wife : Why do you always carry my picture in your wallet?

Husband : Whatever may happen, I see your picture and feel so good.

Wife : Am I so special to you?

Husband : Sure. Whenever I see your picture I tell myself. My wife is the biggest problem.

 whatever may happen : 무슨 일이 있어도

얼마나 잔소리가 심하면

아내가 갑자기 아파서 남편이 병원으로 데리고 갔다.

그러자 의사가 한참 동안 환자의 입에 체온계를 물고 있게 했다.

이윽고 의사가 체온계를 본 다음 병실을 나서자 남편이 따라가며 물었다.

"의사 선생님! 금방 우리 집사람 입에 물린 거, 값이 얼마지요?"

"왜 그러십니까?"

"하나 사려구요. 지금까지 아내의 입을 가장 오래 다물고 있게 한 거라서요."

 ## どのくらい小言がひどいのか

妻が急に体調がおかしくて夫が病院に連れて行った.

すると医者がしばらく患者の口に体温計をくわえているようにした.

やがて医者が体温計を見た後病室を出ると夫が付いて行きながら聞いた.

"先生! 今家内の口にくわえさせたものは, 値段がいくらです? "

"どうしてですか? "

"一つ買おうと思って. 今まで妻の口を一番長く閉じさせたものですから. "

Nagging Wife

Wife got suddenly sick and husband brought her to the hospital. Doctor asked wife to hold thermometer in her mouth.

Doctor checked her temperature an left the room.

Husband followed the doctor and asked.

"Doctor, how much is a thermometer?"

"Why are you asking?"

"I would like to buy one. This thermometer made my wife to shut up her mouth longest time."

아까워라!

　시골 할아버지가 서울 구경을 와서 백화점을 구경하게 되었는데, 거기서 난생 처음 엘리베이터라는 것을 보게 되었다.

　생긴 것부터 하도 신기해서 엘리베이터 앞을 서성이고 있었는데 웬 할머니가 그 안으로 들어가는 것이었다. 그런데 이게 웬일인가~! 조금 후에 거기서 아리따운 젊은 아가씨가 나오는 게 아닌가!

　그걸 본 할아버지가 탄식을 했다.

　"~ 아까워라!!!! 이런 게 있는 줄 알았으면 우리 할망구를 데리고 오는 건데..."

 ## 惜しい!

田舎のお爺さんがソウル見物に来てデパートを見物することになったが, そこで生まれて初めてエレベーターというのを見た.
作りがあまりにも不思議でエレベーターの前をうろうろしていたがあるお婆さんがその中に入って行くのだった. ところでこれがなぜか少ししたらそこから麗しい若いお嬢さんが出て来るではないか!
それを見たお爺さんがため息をついた.
　"惜しい〜!!!! こんなのがあるんだったらうちのお婆さんを連れて来るんだった.."

 # What a Pity!

An old man from country town came to Seoul and went to a mall.

He saw the elevator for the first time in his life.

The old man thought the elevator is interesting and stood in front of it.

An old lady went into the elevator. You know what?

Just a few minutes later, a young lady came out from it.

The old man sighed and said.

"What a pity! I should have brought my wife..."

what a pity! : 불쌍해라! 안타까운 일이다!

여자가 좋아하는 운동선수

1. 마라톤선수: 한번 시작하면 2시간 이상은 보장한다. 감동적이다.

2. 당구선수: 넣는 데는 귀신이다. 놀랍다.

3. 체조선수: 허리가 유연하고 자세가 다양하다. 항상 새롭다.

4. 농구선수: 덩크슛 할 때는 온몸이 떨린다. 짜릿하다.

5. 양궁·사격 선수: 내가 원하는 장소를 정확히 맞힌다. 믿는다.

6. 권투선수: 길게, 짧게, 위로, 아래로, 결국은 다운까지 시킨다 . 무 아지경이다.

 # 女が好きな運動選手

1. マラソン選手: 一度始めれば 2時間以上は保障する. 感動的だ.

2. ビリヤード選手: 入れることには鬼神だ. びっくりする.

3. 体操選手: 腰が柔軟で姿勢が多様だ. いつも新しい.

4. バスケットボール選手: ダンクシュートする時は全身が震える.
ぴりっとする.

5. アーチェリー·射撃選手: 私が願う場所を正確に合わせる. 信用できる.

6. 拳闘選手: 長く, 短く, 高く, 低く, 結局はダウンまでさせる.
無我地境だ.

Women's Favorite Sportsman

1. Marathoner : When he starts, it guarantees for 2 hours. Very impressive.

2. Pool player : Great to put in. Surprised.

3. Gymnast : Has flexible back and many different position. Always new.

4. Basketball player : Makes me vibrate when player slam-dunks. Prickling.

5. Archery & shooting player : Strikes the spot. Trust.

6. Boxer : Long, short, up, and down. Fantastic.

여자가 싫어하는 운동선수

1. 100m 달리기선수: 10초도 안돼서 끝난다. 허무하다.

2. 축구선수: 90분 동안 문전만 맴돌다 겨우 한두 번 들어온다. 지루하다.

3. 골프선수: 겨우 18번 들어오면서 초보는 100번 넘게, 프로도 70번 가까이 허우적거리며 왔다 갔다 한다. 감질만 난다.

4. 레슬링 그레코로만형: 상체만 더듬고 허리 아래는 신경도 안 쓴다. 짜증난다.

5. 야구선수: 나무나 알루미늄 방망이를 사용한다. 비겁하다.

6. 유도선수: 보기만 하면 자빠뜨리고, 누르기 들어온다. 너무 피곤하다.

 ## 女が嫌やがる運動選手

1. 100m 競走選手 : 10秒もかからずに終わる. 虚しい.

2. サッカー選手: 90分間門前でくるくる回ってやっと1、2回入って来る. 退屈だ.

3. ゴルフ選手: やっと 18番(回) 入って来ながら初心者は 100番(回) 越える, プロも 70番(回) 身近にじたばたしながら
行ったり来たりする. もどかしい.

4. レスリング グレコローマン形 : 上体だけ手探りして腰の下は神経も使わない. いらいらする.

5. 野球選手: 木やアルミニウムバットを使う. 卑怯だ.

6. 柔道選手: 見るだけで倒して, 押し入って来る. とても疲れる.

Women's Unfavorable Sportsman

1. 100m sprinter : It ends within 10 seconds. Vain.

2. Soccer player : Run around the goalpost for 90 minutes, but comes in one or two times. Boring.

3. Golfer : Comes in only 8 times. However, the beginner tries over 100 times, and the professional tries about 70 times. Unsatisfied.

4. Greco-Roman style wrestler : Touch only above waist line, don't care of below the waist line. Irritable.

5. Baseball player : Use either wooden or metal bat. Coward.

6. Judo player : Push and pull all the time. Very tired.

 run around : 뛰면서 돌아다닌다

 ## 정부의 이상한 대화

여: 서방님께선 요즘 웬일로 제 우물가에 얼씬도 않으시는지요?

남: 임자 우물이 너무 깊어 그렇소이다.

여: 어머, 그게 어찌 소첩 우물 탓인가요. 서방님 두레박끈이 짧은 탓이겠지요.

남: 우물이 깊기만 한 게 아니라 물도 메말랐더이다.

여: 그거야 서방님 두레박질이 시원찮아 그렇지요.

남: 그 뭔 섭섭한 소리요. 이웃 샘에선 물만 펑펑 솟더이다.

여: 그렇담 서방님께선 옆집 샘을 이용하셨단 말인가요?

남: 어쩔 수 없잖소? 임자 샘물이 메마르다 보니 이웃 샘을 한번 이용해 봤소이다.

여: 어머머머... 그런데 서방님! 참으로 이상한 일이옵니다. 이웃 서방네들은 저의 샘물이 달고 시원타고 벌써 몇 달째 애용 중이옵니다~

 ## 情夫の変な会話

女: 旦那様はこのごろなぜ私の井戸の周りに姿を現わさないんですか?

男: 君の井戸がとても深いからだ.

女: あら，それがどうしてわたしの井戸のせいでしょうか.
旦那様のつるべが短いせいでしょう.

男: 井戸が深いだけではなく水も干からびているんだ.

女: それは旦那様のつるべで水を汲むのが思わしくないからじゃない.

男: それは何と心さびしいことでしょう. 隣の泉では水だけこんこんと湧くのに.

女：それなら旦那様は隣の家の泉を利用したんでしょうか?

男：仕方がないじゃないか? 君の泉の水が干からびているから隣りの泉を一度利用して見たんだ.

女：あらららら... ところで旦那様! まことに不思議なことで. 隣の旦那様は私の泉につけると気持ちがいいと もう何ヶ月か愛用中です.

Weird Conversation of Mistress

Woman : How come you don't come my creek recently?

Man : Your creek is too deep.

Woman : No, it's not. It's because you have a very short well rope.

Man : Your creek is not only deep, but also dry.

Woman : Because you don't know how to use well bucket.

Man : Well... Neighborhood creek is much better.

Woman : So you used next door creek?

Man : What should I have done? Your creek has been dry so I tried neighborhood one.

Woman : It's strange... Neighborhood men have been coming to my creek saying water tastes great for months.

not only ~ but also ~ : ~뿐 아니라 ~도 / nex door : 옆집, 이웃

현명한 남자

홍철이는 아내의 바람기가 얼마나 많은지 잠시도 한눈을 팔 수가 없었다. 때문에 그의 일과는 하루 종일 부인을 감시하는 것이었다.

어느날, 그날도 다른 날과 다름없이 부인을 감시하던 중, 집으로 전화를 했으나 부인이 전화를 받지 않았다. 홍철은 득달같이 집으로 달려갔고, 침실 문을 여는 순간 생생한 현장을 목격하게 되었다.

격분한 홍철을 보고 놀란 부인이 변명했다.

"어마, 저는 지금 몸이 안 좋아서 진찰을 받는 중이에요. 이분은 의사이시고요."

의사라는 그 남자도 변명을 했다.

"아~ 저는 지금 부인의 진찰을 위해 체온을 재고 있는 중입니다."

그러자 홍철이 하는 말.

"그 체온계 꺼내봐! 눈금 없으면 넌 죽~~~어!!!"

賢明な男

ホンチォルは妻の浮気がどれほど多いのか片時もわき目をふることができなかった. だから彼の仕事とは一日中奥さんを見張ることだった. ある日, その日も他の日と変りなく奥さんを見張る中, 家に電話をしたが奥さんが電話に出なかった. ホンチォルはすぐ家に駆け付け, 寝室のドアを開けた瞬間生々しい現場を目撃した.

激怒したホンチォルを見て驚いた奥さんが弁解した.

"アア, 私は今体の調子が悪くて診察を受けているところです. こちら

は医者で.”

医者だというその男も言い訳を言った.

“あ～私は今奥さんの診察のために体温をはかっているんです.”

するとホンチォルが言う言葉

“その体温計出してみろ! 目盛りがなければお前は～死ぬんだ!!!”

 ## Clever Man

Hongchul had a flirting wife. He couldn't take his eyes off from her because of her flirtation. Hongchul's daily routine was to watch closely his wife.

One day, he called home and his wife didn't answer. Hongchul was sure she was doing something wrong. He ran to his house right away. When Hongchul opened the bedroom door, he could witness the scene. Clever wife gave an excuse to th angry husband.

"I don't feel well. That's why a doctor is here now..."

The man who was introduced as a doctor said.

"I am taking her temperature."

Hongchul answered.

"If there were no graduations when you take off, you will be dead!"

 take one's eyes off : ~에서 눈을 떼다

take one's temperature : 체온을 재다

황당한 질문

아래 질문은 미국의 법정에서 심문 중에 실제로 있었던 질문들이다.

1. 박사님, 사람이 자다가 사망하면 다음 날 아침까지 그 사람은 그걸 모른다는 것이 사실입니까?

2. 22세 된 막내아들에 대한 질문입니다. 그는 지금 몇 살이라구요?

3. 당신의 그림이 도난당할 때 현장에 계셨습니까?

4. 혼자 했나요, 아니면 단독범행?

5. 전쟁에서 전사한 사람은 동생입니까, 아니면 당신입니까?

6. 그 사람이 당신을 죽였습니까?

7. 충돌하는 순간 두 차가 얼마나 떨어져 있었죠?

8. 당신은 그 곳을 떠나기 전까지 그곳에 있었죠?

 とんだ質問

下の質問はアメリカの法廷で審問の中に実際にあった質問だ.

1. 博士, 人が眠っている間に死亡すれば翌日の朝までその人は
   それが分からないというのは事実ですか?

2. 22歳になった末の息子に対する質問です. 彼は今何歳ですか?

3. あなたの絵が盗難にあった時現場にいらっしゃったんですか?

4. 一人でしましたか, ではなければ単独犯行?

5. 戦争で戦死した人は弟(妹)ですか, それともあなたですか?

6. その人があなたを殺したんですか?

7. 衝突する瞬間二人の車がどのくらい離れていたんですか?

8. あなたはその場所を離れる前までその場所にいたんですか?

Ridiculous Questions

These are ridiculous questions during the court hearing in America.

1. Doctor, is it true that if someone died while he was sleeping, he wouldn't know that he was died until next morning?

2. It is a question about 22-year-old youngest son. How old is he?

3. When your painting was stolen, were you at the scene?"

4. Did you do by yourself or single-handed offense?

5. The person who died at the war, was it your brother or you?

6. Did that person kill you?

7. The time of car crash, how far was two cars?

8. You were there until you left there, weren't you?

조지 부시

조지 부시가 죽어 천국의 문지기 앞에 섰다.

문지기가 말했다.

"너는 진짜 조지 부시인가? 그렇다면 증거를 보여라. 아인슈타인은 여기에 왔을 때, 상대성 이론에 대해 말해주었고, 베토벤은 운명을 연주해주었다. 그런데 너는 무엇을 보여줄 것이냐?"

부시는 잠시 생각하더니 이렇게 말했다.

"그런데 예로 드신 아인슈타인과 베토벤이 도대체 누구입니까?"

그러자 문지기가 말했다.

"확실히 너는 조지 부시가 맞구나! 의심해서 미안하다. 자, 여기를 지나가거라."

 ## ジョージブッシュ

ジョージブッシュが死んで天国の門番の前に立った.

門番が言った.

"お前は本当のジョージブッシュか? それなら証拠を見せなさい. アインシュタインはここへ来た時, 相対性理論について話してくれたし, ベートーベンは運命を演奏してくれた. ところでお前は何を見せてくれるのか?"

ブッシュはしばらく考えてからこう言った.

"ところで例えで聞いたアインシュタインとベートーベンが一体誰ですか?"

すると門番が言った.

"確かにお前はジョージブッシュに間違いない! 疑ってすまない. さあ,
ここを通りぬけなさい."

 ## George Bush

George Bush died and went to in front of heaven guard.

The guard asked.

"Are you real George Bush? If so, prove me. When Einstein came here, he explained the principle theory of relativity. When Beethoven came here, he performed 'Symphony No.5'. So what are you going to show me?"

Bush thought for a while and said.

"Who are Einstein and Beethoven?"

Then the heaven guard said.

"You really are George Bush. I am sorry to doubt you. You may pass."

 the principle theory of relativity : 상대성이론원리

 능력

남편에게 맞고 사는 부인이 신문에 광고를 냈다.

'나를 절대 때리지 않으며, 밤에 나를 만족시켜 줄 수 있는 남편 구함.'

광고가 나간 다음 날, 초인종이 울려 부인이 문을 열고 나가니 사지가 없는 한 남자가 휠체어에 앉아 있었다.

"광고를 보고 왔습니다. 보시다시피 저는 팔다리가 없기 때문에 당신을 때릴 수 없습니다."

그러자 부인이 물었다.

"그러면 저를 어떻게 만족시켜 주실 건가요?"

남자는 웃으면서 말했다.^&^

"제가 초인종을 무엇으로 울렸겠습니까?"

 能力

ご主人に殴られて暮す奥さんが新聞に広告を出した.

'私を絶対殴らないし，夜に私を満足させてくれることができる夫を求める.'

広告が出た翌日，呼び鈴が鳴って奥さんがドアを開けて出てみると手足がない一人の男が車椅子に座っていた.

"広告を見て来ました．ご覧のように私は手足がないからあなたを殴る

ことができません."
すると奥さんが聞いた.
"それでは私をどのように満足させてくださるんですか?"
男は笑いながら言った. ^&^
"私が呼び鈴を何で鳴らしたと思いますか?"

 ## Ability

A battered wife put an ad on newspaper.

'Looking for a husband who will never beat me and who can satisfy me at night.'

After she put the ad, someone ringed her door. When she answered the door, he found a man sitting on a wheelchair. He didn't have arms and legs.

"I saw the ad. As you can see, I don't have arms and legs. Therefore, I can't beat you."

The woman asked.

"How can you satisfy me at night?"

The man in a wheelchair smiled and answered. "Guess, how did I ring the bell?"

 answer the door : 손님을 맞으러 나가다

 인공수정

　정상적으로는 아이를 가질 수 없는 쥬디가 인공수정을 받기 위해 병원을 찾았다.

　쥬디는 수술복으로 갈아 입고 수술대 위에 누웠다.

　한참을 그러고 있는데 의사가 혼자 들어오더니 갑자기 바지를 벗기 시작하는 것이었다. 쥬디는 깜짝 놀라 소리쳤다.

　"아니, 선생님. 지금 무슨 짓입니까?"

　그러자 의사가 조용히 말했다.

　"미안합니다, 채취해 놓은 정자가 다 떨어져서 직접 시술을…"

 人工受精

　正常には妊娠することができないジュデーが人工受精を受けるために病院を訪ねた.

　ジュデーは手術服に着替えて手術台の上に横になった.

　ずいぶん長い間そうしていると医者が一人で入って来て急にズボンを脱ぎ始めるのだった. ジュデーはびっくりして叫んだ.

　"いや, 先生. 今何をするんですか?"

　すると医者が静かに言った.

　"すみません, 採取しておいた精子がすべてきれてしまって直接施術を…."

A Woman's Artificial Insemination

A woman whose name was Judy went to the hospital. She tried to have a baby, but it didn't work. Therefore, Judy decided to have artificial insemination. She took off her clothes and wore a gown. She lied down on bed. A while later doctor came in the operation room without a nurse. She was scared. Doctor took off his pants. The woman screamed.

"Doctor, what are you doing?"

Doctor answered softly.

"I am sorry.

I couldn't find the sperm so I do directly..."

선생님이 먼저 벗으세요

첩첩산중 시골 여자가 임신이 안돼 산부인과 병원을 찾았다.

의사: 옷 벗고 준비하세요.

'벗고 누워? 외간 남자 앞에서? 이래서 병원에 오면 임신이 되는구나. 어떡하지…'

여자가 당황해서 망설이고 있자 의사가 다시 말했다.

"빨리 벗어요!"

그러자 여자의 울음 섞인 목소리.

"선생님이 먼저 벗~으~세요…."

 ## 先生が先に脱いでください

深い山奥の田舎女が姙娠しなくて産婦人科病院を訪ねた.

医者: 脱いで準備してください.

'脱いで横になる? 知らない男の前で? それで病院へ来れば姙娠するんだ. どうしょう…'

女が慌てて躊躇していると医者がまた言った.

"早く脱いで!"

すると女の泣き混じった声.

"先生が先に脱～い～でよ…."

 You Take off First

A countrywoman who had a hard time to have a baby visited a doctor.

Doctor asked.

"Take off your clothes and get ready."

She didn't know what to do. She thought that's why people get pregnant when they came to the clinic.

Doctor looked her and asked her again.

"Take off your clothes."

The woman cried and answered.

"You take off first."

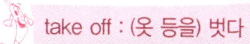 take off : (옷 등을) 벗다

엄마와 아들

공부를 정말 못하는 아들 형기에게 화가 난 엄마가 꾸중을 했다.

"아니, 넌 누굴 닮아서 그렇게 공부를 못하니? 제발 책상에 앉아서 공부 좀 해라."

그러자 형기는 미안한 기색 없이 오히려 당당하게 말했다.

"엄마, 엄마는 에디슨도 몰라? 에디슨은 공부는 못했어도 훌륭한 발명가가 됐어! 공부가 전부는 아니잖아!"

그러자 더 열 받은 엄마는 형기에게 소리쳤다.

"에디슨은 영어라도 잘했잖아!"

 ## 母と息子

勉強が本当にできない息子ヒョンギに頭に来た母が叱った.

"いや，お前は誰に似てそんなに勉強ができないの? どうか机に座って勉強をちょっとしなさい。"

するとヒョンギは悪いという素振りもなくむしろ堂々と言った.

"ママ，ママはトーマス・エジソンも知らないの? トーマス・エジソンは勉強はできなくても立派な発明家になったんだ! 勉強が全てじゃないんじゃないの!"

するともっと頭に来た母はヒョンギに叫んだ..

"トーマス・エジソンは英語だけは上手だったじゃないの!"

Mother and Son

An angry mom scolded her son whose name was Hyunggi who messed up at school.

"How come you messed up at school. Please, study hard."

Hyunggi answered proudly.

"Mom, don't you know Edison? He messed up at school but became a great inventor. School is not everything!"

Mom got more pissed off and screamed.

"Edison spoke good English..."

 등대지기

우편집배원이 외딴섬의 등대지기에게 우편물을 배달하러 갔다.

집배원은 우편물 한 개 때문에 먼 섬까지 오게 된 것에 불평을 했다.

"기껏 잡지 하나 배달하느라 배타고 꼬박 하루 걸려 이 섬에 도착했
소. 이에 대해서 어떻게 생각하시오?"

그러자 기분이 나빠진 등대지기.

"당신, 자꾸 투덜거리면 일간신문 구독할 거야!"

 燈台守

郵便配達員が離れ島の燈台守に郵便物を配達しに行った.

配達員は郵便物一つのために遠くの島まで来たことに文句を言った.

"わざわざ雑誌一つ配達するために船に乗ってぶっ通しで一日かかって
この島に到着したんです. これに対してどう思います?"

すると気分を悪くした燈台守.

"あなた, 何度もぶつぶつと言うなら日刊新聞を購読しますよ!"

Lighthouse Keeper

There was an isolated island and a lighthouse keeper lived alone.

One day, one postman looked for the lighthouse keeper to deliver the mail.

The postman complained about visiting this island for just one man.

"It took one whole day to get here to deliver a single magazine. What do you think of it?"

The lighthouse keeper got mad and said,

"If you keep complaining, I will subscribe daily news paper!"

 **부부싸움**

부부가 심하게 싸운 후 화가 나 말 한마디 나누지 않았다.

그런데 다음날 아침 남편이 회사에 일찍 나갈 일이 생겼다. 그래서 종이에 '여보, 내일 새벽 5시에 꼭 깨워줘' 라고 적어 아내에게 건네줬다.

다음날 아침, 남편이 눈을 뜨니 시계가 7시를 가리키고 있었다.

화가 난 남편이 벌떡 일어나는데, 종이 한장이 바닥으로 떨어져 내렸다.

그 종이에는 이렇게 적혀 있었다.

'여보, 5시예요. 일어나요.'

 夫婦喧嘩

夫婦が激しく争った後頭に来て一言も話さなかった.

そして翌日の朝夫が会社に早く行く用事ができた. それで紙に
'明日の朝方 5時に必ず起こしてくれ' と書いて妻に渡した.

翌朝, ご主人が目を覚ますと時計が 7時を示していた.

頭に来た夫がばっと起きると, 紙一枚が床に落ちた.

その紙にはこう書かれていた.

'あなた, 5時です. 起きて！'

Married Couple's Fight

A married couple had a big fight and didn't talk to each other.

The husband had to go to work very early the next morning.

He wrote a memo which was written 'Honey, wake me up at 5 AM tomorrow', and handed to his wife.

When the husband woke up next morning, it was already 7 o' clock.

Angry husband found a paper on the floor.

The memo was written by his wife. 'It's 5 o' clock. Wake up.'

멀리 던지기

한 아이가 공원에서 비둘기에게 빵조각을 던져 주고 있었다.

던져주는 대로 쫓아다니며 쪼아 먹는 비둘기들이 너무 귀여웠다.

그때 지나가던 아저씨가 화를 내면서 말했다.

"학생, 저 먼 아프리카 소말리아에는 많은 아이들이 굶주리고 있어.

그런데 학생은 그 아까운 빵을 비둘기한테 던져주는 거야?"

그러자 그 아이는 태연스레 말했다.

"아저씨, 전 그렇게 멀리까지 빵을 던질 수 없거든요."

 ## 遠く投げ

一人の子供が公園で鳩にパンのかけらを投げてあげていた.

投げてあげるたびについて回りながらついばんで食べる鳩たちがとて
も可愛いかった.

その時通り過ぎるおじさんが怒りながら言った.

"学生，あの遠いアフリカのソマリアには多くの子供達が飢えている.

それなのに学生はその惜しいパンを鳩に投げてあげるのか?"

するとその子供は平然と言った.

"おじさん，僕はそのように遠くまでパンを投げることができませんよ."

Throwing Bread Crumb

A boy was giving some bread crumb to a pigeon at the park.

Boy thought the pigeon was very cute.

A man who was passing by the boy screamed.

"Hey, there are starving people in Somalia. How come you feed a bird? You shouldn't."

The boy replied.

"Sir, I can't throw the bread that far."

그만의 노하우

공장의 복잡한 기계가 멎어버렸다.

엔지니어들이 원인을 규명하려고 기를 써고 덤볐으나 허사였다. 그래서 전문가를 불러왔다. 그가 기계를 잠시 만지작거리고 나서 망치로 한두 군데를 탁탁 치니 기계는 다시 돌아가기 시작했다. 그런데 수리비로 100만 원을 청구해 오자 공장장은 입이 딱 벌어졌다.

"아니 망치질 몇 번 한 것 뿐인데 이렇게 많이 청구해요? 어디 구체적으로 명세서를 뽑아봐요."

그러자 엔지니어는 다음과 같이 적었다.

'망치질 값 1000원, 어디를 망치질 할 것인가를 알아내는 값 99만 9천원.'

 ## 彼だけのノーハウ

工場の複雑な機械が止まってしまった.

エンジニアたちが原因を糾明しようと躍起になり急いだが無駄だった. それで専門家を呼んできた. 彼が機械をしばらくいじくってから金槌で1、2ヶ所をとんとんと打つと機械はまた動き始めた. ところが修理費を100万ウォンを請求して来て工場長は口がぽっかり開いた.

"いや金槌で何回か叩いただけなのにこんなにたくさん請求するんですか? じゃ具体的に明細書を出して見なさい."

するとエンジニアは次のように書いた.

'金槌を打った値段 1000ウォン, どこを金槌で打つのか調べる値段 99万 9千ウォン.'

 # His Own Know-How

A complicated machine stopped at the factory.

Engineers tried hard to fix the machine, but didn't work. They called an expert.

The expert touched the machine a short time and banged with a hammer. Machine regained the power and worked. The expert asked W1,000,000 and the factory manager was shocked.

"You only did a few hammering and how come it is so expensive? Write me another invoice."

The expert wrote the bottom of the invoice.

"Hammering costs W1,000. Find where to hammer costs W999,000."

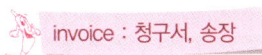 invoice : 청구서, 송장

불임 이유

불임클리닉에서 두 할머니가 얘기를 나누고 있다.

할머니·1: 우리 며느리는 절에 백일기도를 다녀서 임신을 했어요.

할머니·2: 우리 며느리도 그랬는데 왜 임신이 안 됐지? 정성이 부족했나?

할머니·1: 절에는 며느리 혼자 다녔나요?

할머니·2: 아니에요. 제가 항상 같이 다녔어요.

할머니·1: 그러니까 임신이 안 됐지요.

할머니·2: ……?

 ## 不妊理由

不妊クリニックで二人のお婆さんが話を交わしている.

お婆さん·1：うちの嫁はお寺に百日祈祷に通って妊娠をしました.

お婆さん·2：うちの嫁もそうしたが、どうして妊娠できないのか…? 誠意が不足だったか?

お婆さん·1： 寺には嫁一人で通いましたか?

お婆さん·2：いいえ. 私がいつも一緒に通いました.

お婆さん·1： だから妊娠しないんでしょう.

お婆さん·2： ……?

Reason of Infertility

Two old ladies had a conversation at the fertility clinic.

Old lady · 1 : My daughter-in-law went to a temple for hundred-day-prayer, and got pregnant.

Old lady · 2 : My daughter-in-law also went to a temple for hundred-day-prayer. Didn't she pray hard?

Old lady · 1 : Did your daughter-in-law go to the temple alone?

Old lady · 2 : I always went with her.

Old lady · 1 : That's why she didn't get pregnant.

Old lady · 2 : What do you mean?

 what do you mean? : 무슨 뜻이지?

춤 못 추게

유언장을 공증하러 온 50대 남자에게 변호사가 물었다.

"이 유언장을 보니 돌아가신 뒤에 바닷물 속에 묻어달라고 하셨군요."

"그렇습니다."

"아니, 왜 하필이면 바다를 선택하셨죠?"

"그게 다 마누라 때문이지요."

"네?"

"내가 죽으면 우리 마누라가 무덤 위에서 춤을 추겠답니다. 어디, 출 테면 춰보라지!"

踊れないように

遺言状を公証しに来た 50代の男に弁護士が聞いた.

"この遺言状を見ると亡くなったら海水の中に埋めてくれとなっていますね."

"そうです."

"いや, どうして海を選択したんですか?"

"それが、すべて妻のせいですね."

"え?"

"私が死んだらうちの妻が墓の上で踊りを踊るというんです、踊れるなら踊ってみろ!"

I Wouldn't Let Her Dance

Fifty something man wrote a will and got notarized.

The attorney asked the man.

"According to your will, you ask to be buried in the sea."

"That's correct."

"Why do you want to be buried in the sea?"

"It's all because of my wife."

"What?"

"My wife keeps telling me that she will dance on my grave. She can't now!"

 **당연지사**

늘씬하고 예쁜 티파니가 학기말 시험이 끝난 후 야한 옷을 입고 교수실로 찾아가 아양을 떨었다.

"시험을 제대로 못 본 것 같아요. 점수만 잘 나올 수 있다면 뭣이든 하겠어요."

교수가 눈을 동그랗게 뜨고 말했다.

"티파니! 뭐든지 하겠다고?"

"그럼요, 시키는 대로 무엇이든지요."

그러자 교수가 엄숙하게 말했다.

"그럼, 공부를 더 열심히 해와요."

 ## 当然の事

すらりとしてきれいなティファニーが学期末試験が終わった後色っぽい服を着て研究室を訪ねて愛嬌をふりまいた.

"試験がまともにできませんでした. 点数だけちゃんとでれば何でもします."

教授が目を丸くして言った.

"ティファニー! なんでもするんだって?"

"そうですよ, 言うとおりになんでもです."

すると教授が厳粛に言った.

"それでは, 勉強をもっと熱心にして来なさい."

Of Course I Will

A beautiful college student whose name was Tiffany went to a professor's office with sexy outfit after the final exam.

"Professor, I messed up the final exam. I will do anything to get good grade."

Professor answered.

"So, you will do anything?"

"Of course, I will do anything."

Professor answered firmly.

"You must study hard."

신의 뜻이라면

어떤 할아버지가 버스를 탔다. 그런데 차가 급정거하는 바람에 앞에서 있던 할머니가 할아버지에게로 쓰러졌다. 그러자 할아버지가 외쳤다.

"신이시여! 저를 시험하시나이까?"

잠시 후, 또 차가 급정거하는 바람에 이번엔 아리따운 아가씨가 할아버지에게로 쓰러졌다.

할아버지는 더욱 큰 소리로 외쳤다.

"신이시여! 당신의 뜻이라면 따르겠나이다!"

 ## 神の望みなら

あるお爺さんがバスに乗った. ところが車が急停車したため前に立っていたお婆さんがお爺さんに倒れた. するとお爺さんが叫んだ.

"神さま! 私を試すんですか?"

しばらくして, また車が急停車したため今度は麗しいお嬢さんがお爺さんに倒れた.

お爺さんはもっと大きい声で叫んだ.

"神さま! あなたの意なら従います!"

That's What God Wants

An old man took the bus. The bus stopped suddenly and an old woman fell down just before him. The old man screamed.

"God! Why do you test me?"

A few minutes later, the bus suddenly stopped again, and a beautiful young woman fell down before him. The old man screamed harder.

"God! If it is God's will, I will follow."

아내의 오해

TV를 보던 형기가 미모의 여배우가 자신보다 멍청한 남자 배우와 결혼한다는 뉴스를 보자 중얼거렸다.

"어떻게 하면 덩치만 크고 머릿속에 든 것이라고는 아무 것도 없는 사람이 저렇게 매력적인 여자와 결혼할 수 있는지 모르겠단 말이야. 복도 많지."

그러자 부엌에서 설거지하던 부인이 자기에게 하는 소리로 알아듣고 기분이 좋아서 대꾸했다.

"여보, 그렇게 말해주니 고마워요!"

 ## 妻の誤解

TVを見ていたヒョンギが美貌の女優が自分より劣る男優と結婚するというニュースを見てつぶやいた.

"どうしたら図体だけ大きくて頭の中にも何もない人があのように魅力的な女と結婚することができるのか分からない. 福もいっぱいだ."

すると台所で洗い物をしていた奥さんが自分に言ったことだと思って気分が良くて言い返した.

"あなた, そんなふうに言ってくれて ありがとう!"

Misunderstanding of Wife

Hyunggi was watching TV and heard that a beautiful actress and a dumb actor were getting married. He was mumbling.

"I don't understand how come a stupid big man is getting married to such an attractive and beautiful woman. Lucky him!"

His wife who was washing dishes in the kitchen replied with humming voice.

"Honey, thanks for saying this."

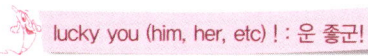
lucky you (him, her, etc) ! : 운 좋군!

한 수 위

골프채는 쓰실
일이 없을테니...

이웃에 사는 구라가 수시로 찾아와 무엇인가를 빌려갔다. 짜증이 난 경규가 아내에게 말했다.

"이번에는 아무것도 빌려주지 않을 거야!"

드디어 구라가 또다시 왔다.

"경규 형! 오늘 전기톱 쓰실 일 있어요?"

"어쩌나! 미안하다. 사실은 오늘 하루 종일 써야 할 것 같애."

그러자 구라가 웃으며 말했다.

"그럼 골프채는 안 쓰시겠네요. 좀 빌려도 될까요?"

 一枚上

隣りに住むクラが何度も訪ねて来て何かを借りて行った. 腹を立てたギョンギュが妻に言った.

"今度は何も貸さないぞ!"

そしてクラがまた来た.

"ギョンギュさん! 今日電気鋸を使いますか?"

"どうしよう! すまない. 事実今日一日中使わなければならないな."

するとクラが笑いながら言った.

"それではゴルフステックは使わないですね. ちょっと借りても良いでしょうか?"

 Smarter One

Goora often came and borrowed something. Annoyed Kyunggyu told his wife.

"I won't let him borrow anything this time!"

Goora came again to borrow.

"Are you going to use your electric saw this morning?"

"I am sorry. I will have to use it whole day today."

Goora replied with smile.

"Then you wouldn't use your golf club today. May I borrow?"

매일 새벽 3시에 들어오는 이유

매일 새벽 3시가 넘어서야 겨우 들어오는 남편 가네다를 보다못한 아내가 바가지를 긁기 시작했다.

아무리 화를 내고, 앙탈을 부려 봐도 묵묵부답인 가네다. 더 화가 난 아내가 소리쳤다.

"당신 정말 너무 하는 거 아닌가요? 왜 3시가 넘어서야 들어오는 거예요?"

그러자 가네다가 귀찮다는 듯 말했다.

"그 시간에 문 여는 데가 이 집밖에 없어서 어쩔 수 없이 들어온다. 왜?"

 ## 毎日夜明け 3時に帰って来る理由

毎日夜明け 3時が過ぎるとやっと帰って来る夫金田を見るに耐えない妻が不満を言い始めた.

いくら怒っても，盾突いて見てもだまりこくって返事もしない金田.

もっと頭に来た妻が叫んだ.

"あなた本当にとてもひどいんじゃないの？ どうして 3時が過ぎて帰って来るんですか？"

すると金田が面倒だというように言った.

"その時間に門を開けるところがこの家しかなくて仕方なく入って来るんだ. どうだ？"

Why He Comes Home after 3 AM

Kaneda always came home after 3 AM everyday. His wife became so angry and nagged him. Whatever the wife told him, Kaneda just kept silence.

Wife got more angry and screamed.

"What the hell is your problem? Why do you come home after 3 AM?"

Kaneda answered with annoying voice.

"This is the only place opens this hour. Why?"

 keep silence : 침묵을 지키다

건망증

버스정류장 앞에서 영자가 한쪽 젖가슴을 다 드러내놓은 채 걸어가고 있었다.

이를 본 경찰관이 쫓아가서 말했다.

"부인, 제가 부인을 과다노출죄로 체포할 수도 있다는 걸 아세요?"

"어머, 왜요?"

"부인께선 지금 젖가슴을 밖으로 다 드러내놓고 있잖아요!"

그러자 영자, 자신의 가슴을 내려다보더니 깜짝 놀라서 소리쳤다.

"어머, 내 정신 좀 봐. 우리 아기를 버스에 두고 내렸어요!"

 ## 物忘れ

バス停の前でヨンジャが片方の胸をすべてさらしたまま歩いていた.

これを見た警察官が追い掛けて行って言った.

"奥さん, 私が奥さんを過多露出罪で逮捕することもできるということを知っていますか?"

"あら, なぜです?"

"奥さんは今胸を外ですべてさらしているんじゃないか!"

するとヨンジャ, 自分の胸を見下ろしてびっくりして叫んだ.

"あら, 私ったらどうしよう. うちの赤んぼうをバスに置いて降りちゃった!"

Absent-Minded

Youngja was walking near by the bus stop showing one of her breasts.

A police officer saw Youngja and stoped her.

"I can arrest you for minor offense."

"What for?"

"You are showing your breast in public."

She looked her breast and screamed.

"Oh, my God! I just left my baby in the bus!"

 in public : 남들 앞에서, 공중 앞에서

머리가 좋은 죄수

외부의 모든 편지는 검열을 받는 교도소의 죄수가 아내에게서 편지를 받았다.

"당신이 없으니 너무 힘들어요. 밭에 감자를 심고 싶은데, 밭을 일궈 줄 사람이 없어요."

죄수는 이렇게 답장을 써서 보냈다.

"여보, 우리집 텃밭은 어떤 일이 있어도 파면 안 돼요. 거기에 총과 많은 금괴를 묻어놓았기 때문이오."

며칠 후, 아내에게서 편지가 왔다.

"여보 큰일 났어요. 수사관들이 여섯 명이나 들이 닥쳐서 다짜고짜 텃밭을 모조리 파헤쳐 놓았어요."

죄수는 즉시 답장을 써 보냈다.

"그럼 됐소~ 얼른 감자를 심어요."

 ## 頭が良い囚人

外部からのすべての手紙は検閲を受けている刑務所の囚人が妻からの手紙を受けた.

"あなたがいないからとても大変です. 畑にじゃがいもを植えたいのに, 畑を掘り起こしてくれる人がいないんです"

囚人はこのように返事を書いて送った.

"おい, うちの畑はどんなことがあっても掘ってはいけない. そこに鉄砲と多くの金塊を埋めておいたから"

何日後，妻から手紙が来た．

"あなた大変な事になりました．捜査官たちが六名も押し入って来てい

きなり畑を全部暴いていきました．"

罪囚は直ちに返事を書いて送った．

"それでいいんだ～ すぐじゃがいもを植えなさい．"

 ## Smart Prisoner

There was a prison and all the letters were inspected. A prisoner received a letter from his wife.

'My life is so hard without you. I want to grow potato on the front garden, but there's no one to help me.'

The prisoner replied his wife.

'Honey, you cannot ever dig the front garden. Because I buried many guns and gold bars.'

The prisoner received another letter in a few days.

'Honey, it's emergency. Six investigators came and dug our front garden inch by inch.'

The prisoner replied immediately.

'That's great! You plant potato now.'

🧑 양심적인 쪽지

경실이가 백화점에서 쇼핑을 마친 뒤 주차장으로 돌아와 보니 차가 박살나 있고, 앞창 와이퍼에 쪽지가 하나 끼워져 있었다.

"주차하려다 당신 차를 손상시켰습니다.

주변의 목격자들이 지금 이 쪽지를 쓰고 있는 저를 바라보고 있습니다.

그들은 분명 제가 제 이름과 연락처를 적고 있다고 생각하겠지요?

그럼 이만 메롱!"

🧑 良心的なメモ

ギョンシルがデパートでショッピングを終えた後駐車場に戻って来て見たら車がめちゃくちゃに壊れていて，フロントガラスのワイパーにメモが一つ挟まれていた．

"パーキング中にあなたの車を損傷させてしまいました．

周辺の目撃者たちが今このメモを書いている私を眺めています．

彼らは確かに私が私の名前と連絡先を書いていると思うでしょ？

それではこれで..バイバイ！"

Honest Note

Kyungsil went to the parking lot after shopping at a mall. She found a note on window.

'When I parked I scratched your car. There are people around me now and I am sure that they think I am writing my name and contact number. Sorry, I am not.'

 I am sure : 분명

 유전

수업 중에 한눈을 잘 파는 여학생이 있었다. 그래서 담임선생님이 어머니를 모시고 면담을 했다. 선생님이 어머니에게 물었다.

"따님이 수업 시간에 무척 산만하고 한눈을 잘 파는데 어머니는 그 문제에 대해 눈치 채지 못하셨나요?"

그러자 어머니가 선생님의 뒷쪽을 가리키며 말했다.

"선생님, 근데 저기 있는 창틀이 알루미늄 창틀이 맞나요?"

遺伝

授業中によそ見をよくする女学生がいた. それで担任の先生がお母さんと面談をした. 先生がお母さんに聞いた.

"娘さんが授業時間にとても散漫でよそ見をよくするのをお母さんはその問題について気づきませんでしたか?"

するとお母さんが先生の後ろ側を示しながら言った.

"先生, ところであそこにある窓わくはアルミニウムの窓わくですか?"

Inheritance

There was a girl at the classroom who often daydreamed.

Her homeroom teacher asked her to bring her mother.

The teacher asked her mother.

"Your daughter is loose during the classes. Have you noticed this?"

Her mother pointed the window and asked.

"By the way, is the window frame made of aluminum?"

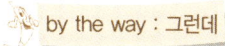 by the way : 그런데

🎵 분풀이

종민이가 입대한 지 5개월 만에 그립고 보고 싶던 애인한테서 편지가 왔다.

'오빠가 입대한 후 새로운 애인이 생겼으니 그동안 함께 보냈던 시간 은 추억으로 간직하기로 해요. 그러니 갖고 있는 내 사진을 보내주세 요. 미안해요.'

화가 난 종민은 내무반 동료들이 갖고 있던 여자 친구들의 사진을 모 두 모아 애인에게 보냈다.

'너의 얼굴을 기억할 수가 없어서 내 여자 친구들의 사진을 모두 보 내니 네 사진만 빼고 돌려줘.'

🎸 腹いせ

ジョンミンが入隊してから 5ヶ月ぶりに恋しくて会いたかった恋人か ら手紙が来た.

'あなたが入隊した後新しい恋人ができたから今まで一緒に過ごし た時間は思い出におさめる事にします. だから持っている私の写真を 送ってください. ごめんなさい.'

頭に来たジョンミンは内務班の仲間たちか持っている女友達の写真を 皆集めて恋人に送った.

'お前の顔を覚えていなくて私の女友達の写真を皆送るから君の写真 だけ抜いて返してくれ.'

 # Revenge

Jongmin joined the army 5 months ago and received a letter from his girlfriend.

'Since you joined the army, I found out new boy friend. I hope you to keep good memories of us. Please, send my pictures back.'

Jongmin felt betrayal and decided to take his revenge. He collected all the pictures of girlfriends in his quarter and sent to his girlfriend.

'I am sorry I can't remember your face. That's why I am sending all my girlfriends' pictures. So send me back all the pictures except yours.'

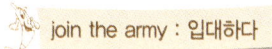
join the army : 입대하다

옷감의 가격

미모의 아가씨 윤정이가 할머니와 함께 옷감을 사러 시장에 갔다.

윤정 : 이 옷감 한 마에 얼마예요?

주인아저씨 : 한 마 정도는 키스 한 번만 해주면 그냥 드릴 수도 있습니다.

윤정 : 어머! 정말이세요?

주인아저씨 : 그럼요!

윤정 : 좋아요, 다섯 마 주세요.

주인아저씨 : (즐거운 표정을 지으며) 여기 있습니다. 그럼, 이제 키스 다섯 번 해주세요.

윤정 : 아, 네! 계산은 할머니가 하실 거예요! ~~^^

 ## 布の価格

美貌の娘ユンジョンがお婆さんと一緒に布を買いに市場へ行った.

ユンジョン : この布一ヤードいくらですか?

店の主人 : 一ヤードにつきキス一回してくれればそのままあげることもできます.

ユンゾング : あら! 本当ですか?

店の主人 : そうですよ!

ユンジョン : いいわ, 五ヤードください.

主人おじさん : (うれしい顔をして) ここにあります. それでは, 今すぐキス五回してください.

ユンジョン : あ, はい! 計算はお婆さんがなさるんです! ^^

Price of Fabric

A beautiful lady, Yoonjung and her grandmother went to a market to buy some fabric.

Yoonjung : How much is this fabric per yard?

Owner : I can give you free if you kiss me once.

Yoonjung : Are you serious?

Owner : I am very serious.

Yoonjung : Then give me 5 yards.

Owner : (With a big smile) Here you are. So, you kiss me five times now.

Yoonjung : My grandma will pay.

 ## 주말 부부

주말 부부의 신랑 브라운이 아내를 보러 집에 왔다.

얼마나 신부가 그립던지 오랜만에 한껏 밤일을 치르고 있었다.

신부는 그동안 비축해 두었던 힘을 다 쓰며 온갖 교성을 내질렀다.

한창 열이 올라 신음하고 있는데, 옆집에서 문을 두드리며 신경질적
으로 소리쳤다.

"잠 좀 잡시다. 허구한 날 매일같이 그러면 어떡하냐고!!"

신랑 : ……?

 ## 週末夫婦

週末夫婦の新郎ブラウンが妻に会いに家へ来た.

どれくらい花嫁が恋しかったか久しぶりに思い切り夜の営みをしていた.

花嫁はその間備蓄しておいた力を使い果たしてあらゆる嬌声を張り上げた.

盛んに熱を上げて呻いているのに, 隣家から門をたたいて神経質的に叫んだ.

"ちょっと眠りましょう. 一日も欠かさず 毎日それではどうするんだ!!"

新郎 :……?

Weekend Couple

There was a weekend couple and the husband, Brown came to see his wife.

He missed his wife very much and he performed greatly in bed that night.

The wife was very high in bed and screamed from the joy.

When the couple had a great time, someone knocked from next door and screamed.

"Come on! Let me sleep! How come you always make noise every night?"

Husband : ……?

임신한 아줌마

꼬마 재석이가 임신한 옆집 아줌마를
만나자 물었다.

"아줌마, 왜 배가 그렇게 불렀어요?"

아줌마가 대답했다.

"응, 이 안에 예쁜 우리 아가가 들어
있어서 그렇단다."

그러자 재석이가 다시 물었다.

"그런데 어쩌다 애를 다 먹었대요?"

 ## 妊娠したおばさん

子供のジェソクが妊娠した隣家のおばさんに会うと聞いた.

"おばさん, どうしてお腹がそんなに膨らんでいるの?"

おばさんが答えた.

"うん, この中にかわいいうちの赤ちゃんが入っていて そうなの."

するとジェソクがまた聞いた.

"ところでどうして赤ちゃんを食べたの?"

Pregnant Woman

A little boy, Jaesuk met the next door woman who was pregnant and asked.

"Why is your tummy so big?"

Woman answered.

"Because my beautiful baby is inside...."

Jaesuk replied.

"How come you ate the baby?"

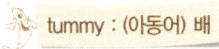 tummy : (아동어) 배

 ## 화장실에서의 대화

홍철이가 화장실에서 진지하게 큰일을 보고 있는데 옆 칸에 있는 사람이 말을 걸어왔다.

"안녕하세요?"

"아, 네. 안녕하세요?"

그런데 별 얘기가 없더니. 잠시 후 다시 말을 건네는 것이었다.

"점심식사는 하셨어요?"

냄새 나는 화장실에서 무슨 밥 먹는 얘기를 한담. 그러나 예의 바른 홍철이가 다시 답을 했다.

"네, 저는 먹었습니다. 식사하셨습니까?"

그러자 그 사람이 하는 말.

"저, 전화 끊어야겠습니다. 옆 칸에서 이상한 사람이 자꾸만 말을 걸어서요."

 ## トイレでの対話

ホンチォルがトイレで真剣に大便をしているのに隣にいる人が言葉をかけて来た.

"こんにちは?"

"あ, はい. こんにちは?"

ところが少しの間話さなくなり, しばらくしてまた声を掛けるのだった.

"昼食は食べましたか?"

匂いがするトイレでなぜ食事の話を. しかし礼儀正しいホンチォルが

また答えた.

"はい，私は食べました. 食事したんですか?"

するとその人が言う言葉.

"あの，電話切らなければなりません. 隣で変な人がしきりに声を掛けるので."

🐉 Restroom Conversation

Hongchul did number two at the restroom and someone at the next door asked me.

"Hello?"

"Oh, hello?"

Hongchul replied, but someone at the next door didn't say anything.

A few minutes later he talked again.

"Did you have lunch?"

Hongchul thought he was weird to mention about food at smelly restroom.

However, he answered politely.

"Yes, I did. Did you also have lunch?"

When the next door man talked, he was stunned.

"Well, we'd better talk to next time. There's a strange man next door keeps interrupting me."

결혼 성공의 비결

70세 갑부 스필버그가 20세 처녀와 결혼을 했다.

그러자 친구가 스필버그를 부러워하며 물었다.

"자네, 재주도 좋군. 아무리 갑부라지만 스무 살짜리 처녀하고 결혼을 하다니, 도대체 그 비결이 뭔가?"

그러자 스필버그가 귓속말로 대답했다.

"저 애에게 내가 아흔 살이라고 거짓말을 했지. 그랬더니 일이 수월하게 풀리더라고."

結婚成功の秘訣

70歳大金持ちのスピルバーグが 20歳の娘と結婚をした.

すると友達がスピルバーグを羨みながら聞いた.

"お前, 才能も良いね. いくら大金持ちだからといっても二十歳の娘と結婚をするなんて, 一体その秘訣は何だね?"

するとスピルバーグが小声で答えた.

"あの子に私が九十歳だと嘘をついたんだ. すると事が容易にすすんだんだ."

 Secret of Marriage

Seventy-year-old billionaire, Spielberg got married to twenty-year-old woman.

Groom's friend asked with envy.

"What is the secret of marrying twenty-year-old even you're very rich."

Spielberg whispered.

"I told her that I am ninety years old. Since then all went well."

all goes well : 모든 일이 잘되다

미워하는 사람

교회에서 목사가 설교를 하고 있었다.

"여러분들 중에 미워하는 사람이 한 명도 없으신 분, 손들어 보세요."

아무 반응이 없자, 다시 물었다.

"아무도 없나요?"

그때, 맨 뒤에서 한 할아버지가 손을 들었다. 목사는 감격스러운 목소리로 물었다.

"할아버님, 어떻게 하면 그럴 수 있는지 말씀해주세요."

그러자 할아버지는 힘없는 목소리로 말했다.

"응, 많았는데, 다 죽었어."

 ## 憎む人

教会で牧師が説教をしていた.

"みなさんの中に憎む人が一人もいない方, 手を上げて見てください."

何の反応もないので, また聞いた.

"誰もいないんですか?"

その時, 一番後で一人のお爺さんが手をあげた. 牧師は感激的な声で聞いた.

"お爺さん, どのようにすればそんなことができるのかおっしゃってください."

するとお爺さんは力無い声で言った.

"うん, たくさんいたが, みんな死んだんだ."

The Person of Hatred

A pastor was giving sermon at the church.

"Raise your hand if you don't have anyone to hate."

There was no response. Pastor asked again.

"No one? Raise your hand."

At that time, an old man rose his hand. The pastor was impressed and asked.

"Sir, how come you don't hate anyone?"

The old man answered with small voice.

"I had, but they all died."

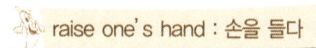 raise one's hand : 손을 들다

 ## 오해받을 말

힐러리가 남편과 함께 백화점에 쇼핑을 갔다.

남편은 힐러리의 긴 쇼핑시간에 질렸지만 조용히 참고 기다렸다.

3시간 만에 쇼핑이 끝나고 두 사람은 주차장으로 내려갔다.

그런데 힐러리는 그제서야 콘돔을 사오지 않은 것을 깨달았다.

남편은 자동차에서 기다리기로 하고 힐러리 혼자 다시 약국으로 가서 말했다.

"약사님, 콘돔 하나 빨리 주세요! 우리 남편이 지금 차에서 기다리고 있어요!"

 ## 誤解を受ける言葉

ヒラリーがご主人と一緒にデパートにショッピングしに行った.

ご主人はヒラリーの長いショッピング時間にあきれたが静かに我慢して待った.

3時間ぶりにショッピングが終わって二人は駐車場に降りた.

ところがヒラリーはその時コンドームを買って来なかったことに気付いた.

ご主人は自動車で待つ事にしてヒラリー一人で薬局に行って言った.

"薬剤師さん，コンドーム一つ早くください！ うちの主人が今車で待っています！"

Misunderstood Words

Hilary went to the mall for shopping with her husband.

Her husband was annoyed by Hilary's endless shopping, but waited quietly.

They went to parking lot after three hours of shopping.

Hilary just found out that she forgot to buy condom.

Her husband was waiting in the car while Hilary went to the drug store.

Hilary asked the pharmacist.

"Give me condom. Please, hurry. My husband is waiting in the car."

아내의 눈동자

빌리는 의사 친구로부터 이런 얘기를 들었다.

"통계적으로 보면 푸른 눈동자의 여자는 섹스에 담백하고, 브라운색 눈동자의 여성은 섹스에 민감한 편이지."

빌리는 이 말을 귀담아 듣고 곧장 집으로 돌아와 잠든 아내의 눈꺼풀을 손으로 열어보며 외쳤다.

"야, 브라운이군!"

그러자 침대 밑에서 한 남자가 기어 나오며 말했다.

"아니, 제 이름이 브라운인 것까지 알고 계셨군요. 죄송합니다."

 ## 妻の瞳

ビリーは医者友達からこんな話を聞いた.

"統計的に見れば青い瞳の女はセックスに淡泊で, ブラウン色の瞳の女性はセックスに敏感な方だろう."

ビリーはこの言葉を聞いて心に留めてまっすぐに家に帰って来て眠っている妻のまぶたを手で開けてみながら叫んだ.

"わっ ブラウンだね!"

するとベッドの下から一人の男が這って出ながら言った.

"いや, 私の名前がブラウンであることまでご存じだったんですね. 申し訳ありません."

Pupil of Wife

Billy heard from his doctor friend.

"In general, blue eyed women's sex is plain, and brown eyed women's sex is ensitive."

Billy listened carefully and came home immediately and opened his wife's eye who was asleep.

"Oh, brown!"

A man came out under the bed and said.

"How did you know my name is Brown? I am so sorry."

털가죽 코트

모델처럼 예쁜 아가씨 먼로가 값비싼 털가죽 코트를 입고 걸어가고 있었다.

때마침 거리에서는 '야생동물을 보호하자'는 캠페인이 벌어지고 있었고, 한 남자가 먼로를 불렀다.

"아가씨, 이 코트를 만들려면 얼마나 많은 짐승이 희생되는지 아십니까?"

먼로는 버럭 화를 내며 말했다.

"아저씨, 그럼 아저씨는 제가 이 털가죽 코트를 사 입으려고 얼마나 많은 밤을 짐승(?)들과 지내야 했는지 아세요?"

毛皮のコート

モデルのようにきれいなお嬢さんモンローが高い毛皮のコートを着て歩いていた.

ちょうど通りでは'野生動物を保護しよう'というキャンペーンをやっていた一人の男がモンローを呼んだ.

"お嬢さん, このコートを作ろうとすればどれだけたくさんの獣が犠牲になっているのかご存じですか?"

モンローはかっと怒りながら言った.

"おじさん, それではおじさんは私がこの毛皮のコートを買って着ようとどれだけたくさんの夜を獣(?)たちと過ごさなければならなかったのかご存じですか?"

Fur Coat

A beautiful lady, Monroe who looked like a model wore an expensive fur coat, and walked on the street. There was 'Anti Animal Abuse Campaign' on the street.

A man stopped Monroe and said.

"Miss, do you know how many animals were killed to make this fur coat?"

Monroe got mad and screamed.

"Hey! Do you know how many animals I had to stay with to buy this fur coat?"

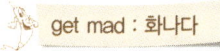 get mad : 화나다

이상한 부부

봉원이와 미선이가 치과에 갔다.

미선이가 치과 의사에게 말했다

"선생님! 아픈 이가 있는데 빨리 뽑아주세요. 아픈 건 잘 참으니까 진통제는 필요 없어요!"

치과 의사는 반가워하며 말했다.

"아주머니! 아픈 걸 그렇게 잘 참으시다니, 참으로 용감하시군요. 어떤 이죠?"

그러자 여자 왈,

"여보! 어서 선생님께 아픈 이 보여 드려요!" ^^

変な夫婦

ボンオンとミソンが歯科へ行った.

ミソンが歯科医者に言った

"先生! 痛い歯があるので早く抜いてください. 痛いのはよく我慢できるから痛み止めは必要ないです!"

歯科医者は嬉しがって言った.

"おばさん! 痛いのをそれほど我慢できるなんて, まことに勇ましいですね. どの歯ですか?"

すると女曰く,

"あなた! はやく先生に痛い歯お見せして!" ^^

Weird Couple

Bongwon and Misun went to the dental clinic.

Misun told to the dentist.

"I have a toothache. Please, take off this tooth. A painkiller won't be necessary. Just pull out the tooth!"

Dentist was impressed and said.

"You are such a brave woman. Which tooth you want me to pull out?"

Misun answered.

"Honey, you show the tooth!"

 투자효과

신문을 보던 남편이 투덜거렸다.

"이 놈의 주식 또 떨어졌잖아! 괜히 투자를 해가지고……."

그러자 옆에 있던 부인도 투덜거렸다.

"나도 속상해요. 다이어트를 했지만 효과가 없으니……."

신문을 덮은 남편이 아내의 몸을 쳐다보며 힘없이 말했다.

"내가 투자한 것 중에서 두 배로 불어난 건 당신밖에 없어."

投資効果

新聞を見ている夫がぶつぶつ言った.

"この株式また落ちたんじゃないの! 訳もなく投資をして……."

すると横にいた奥さんもぶつぶつ言った.

"私も腹が立つわ. ダイエットをしたのに効果がないから……."

新聞を閉じた夫が妻の体を眺めて元気なく言った.

"私が投資したものの中で二倍に増えたのはあなたしかいない."

Investment Effect

A husband was reading the newspaper and was complaining.

"Stock market is down again! I shouldn't buy any stocks..."

His wife was complaining, too.

"I am also stressed out. I was on a diet, but didn't loose any pound."

The husband looked his fat wife and said.

"You are the only one to double among all my investment."

 be on a diet : 다이어트 중이다

 ## 사기 골퍼의 비애

한 사기 골프꾼이 만만한 상대를 찾으려고 어슬렁거리다 개를 끌고 골프를 하는 한 맹인을 발견했다.

"샷 폼이 참 멋지군요. 혼자 밋밋하게 이러지 마시고 저랑 가볍게 내기골프 한번 하시죠!"

그러자 맹인도 흔쾌히 승낙하는 것이었다.

"좋소! 시간과 방법은 제가 정해도 되죠? 내일 자정에 조명불 없이 합시다."

 ## 詐欺ゴルファーの悲哀

一人の詐欺ゴルファーが引っ掛かけやすい相手を探そうとうろついいていると犬を連れてゴルフをしている一人の盲人を見つけた.

"ショットフォームが本当に素敵ですね. 一人でしても面白くないから私と軽く賭けゴルフを一度しましょう!"

すると盲人もこころよく承諾した.

"いいよ! 時間と方法は私が決めてもいいでしょう? 明日夜の十二時に照明灯なしでしましょう."

 Crook Golfer's Sorrow

A crook golfer was looking for a prey. He found a blind golfer with a dog instead of a caddie. The crook said.

"You have a wonderful shot. Why don't we play golf together and bet?"

The blind golfer happily accepted crooked offer. The crook asked.

"How about tomorrow?"

The blind golfer nodded and answered.

"Then may I choose the tee off time?"

The cook golfer agreed and the blind golfer said.

"Let's tee off at mid night tomorrow."

우리 멤버가 아냐

한 남자가 라운딩 중 오줌이 마려워 숲속에 들어가 오줌을 누고 있었다. 그 모습을 건너편에서 세 여자가 보게 되었다.

그런데 얼굴은 나무에 가려 안 보이고 거시기(?)만 보였는데…….

여자·1 : 저건 분명 내 남편은 아니야!

여자·2 : 저건 분명 우리 멤버는 아닌데…….

여자·3 : 어디 보자! 저건 분명 이 마을 사람이 아냐. 내가 장담해!

 ## うちのメンバーではない

一人の男がラウンディング中に小便がしたくて林の中に入って小便をしていた. その姿を向こうの方で三人の女が見ていた.

ところが顔は木に隠れていて見えなくてあれ(?)だけ見えたが…….

女・1 : あれは確かに私の主人ではない!

女・2 : あれは確かにうちのメンバーではない…….

女・3 : どーれ 見てみよう! あれは確かにこの村人ではない. 私は自信がある～!!

He's Not Our Member!

A man was invited for golf rounding. During the round he wanted to pee and went to the forest to pee.

Three women who played at the other side saw the scene. They couldn't see the man's face, but could only see his penis.

Woman · 1 : He's not my husband!

Woman · 2 : He's not our member!

Woman · 3 : Let's see. He's not from our town. I guarantee!

 I guarantee : 내가 장담해. 내가 보증해

 ## 똥차

성질이 급하고 불평불만이 많은 사나이가 마을버스를 탔다.

그런데 마을버스가 떠나지 않고 계속 서 있는 것이었다.

참다못한 그 사나이는 운전기사를 향해 크게 소리를 질렀다.

"이봐요, 이 똥차 언제 떠나요?"

그 말을 들은 운전기사는 눈을 지그시 감은 채 나직한 음성으로 입을 열었다.

"예, 똥이 다 차면 떠납니다."

 ## 糞車

気が短くて不平不満の多い男が村バスに乗った.

ところが村バスが出発しないでずっと止まっているのだった.

耐えかねたその男は運転手に向けて大声を出した.

"おい, この糞車いつ出発するのか?"

その言葉を聞いた運転手は目をじっと閉じたままやや低い声で言った.

"はい, 糞がすべていっぱいになったら出発します."

Shitty Bus

A picky and complaining guy took a local bus.

The bus didn't leave.

"Why don't you leave?" He screamed to the driver.

"Hey, when is this shitty bus leave?" He screamed harder.

Driver closed the eyes and answered quietly.

"I will leave when there's full of shit in this bus."

주례비

한 예비신랑이 목사를 찾아가 주례를 서 달라고 부탁하며 물었다.

"주례비는 얼마면 될까요?"

목사가 말했다.

"신부가 예쁜 만큼만 주세요."

그러자 신랑은 1000원을 주었다.

목사는 몹시 기분이 좋지 않았지만 약속을 했으므로 받아두었다.

결혼식이 끝나고 신부의 얼굴이 궁금하여 면사포를 살짝 들어 본 목사가 조용히 신랑에게 다가가서 말했다.

"얼마 거슬러 드릴까요?"

 ## 司式費

一人の予備新郎が牧師を訪ねて司式者をしてくれと頼みながら聞いた.

"司式費はいくらならいいでしょうか?"

牧師が言った

"花嫁がきれいなくらいだけください"

すると新郎は 1000ウォンを差し上げた.

牧師は大変気分が良くなかったが約束をしたので受け取った.

結婚式が終わって花嫁の顔が見たくてベールをこっそり上げて見た.

牧師が静かに新郎に近付いて言った.

"いくら おつりを上げましょうか?"

Officiating Fee

A groom-to-be went to a pastor for asking officiating for his wedding.

"I will pay you enough."

The pastor said,

"You can pay me according to beauty of the bride."

Groom gave one dollar to the pastor.

The pastor was very unpleasant, but didn't say anything. After the wedding, the pastor saw the bride under the veil.

He went to the groom and asked,

"How much change do you want?"

 according to : ~에 따라

시체들이 웃는 사연

영안실에 세 구의 시체가 들어왔는데 모두가 웃고 있었다. 그래서 검사관이 물었다.

"아니 시체들이 왜 모두 웃고 있지요?"

"아~네, 첫 번째 시체는 십억 원짜리 복권에 당첨되어 심장마비로 죽었답니다. 그리고 두 번째 시체는 아들이 일등했다고 좋아서 웃다가 죽은 겁니다."

"그럼 셋째는요?"

"그 사람은 벼락을 맞아 죽었는데, 번개가 떨어지니 사진 찍는 줄 알고 미소짓다 죽었답니다."

 ## 死体たちが笑う理由

霊安室に三具の死体が入って来たが皆が笑っていた. それで検査官が聞いた.

"いや死体たちがどうして皆笑っていますか?"

"あ~はい, 一番目の死体は十億ウォンの宝くじに当たって心臓麻痺で死んだんです. そして二番目の死体は息子が一等になったとうれしくて笑って死んだはずです."

"それでは三番目は?"

"その人はかみなりに打たれて死んだが, 稲妻が落ちたら写真を撮っていると思って微笑んで死んだんです."

Why **Dead Bodies Smile**

Three dead bodies were arrived at the deadhouse and were all smiling.

The coroner asked.

"Why are all the dead bodies smiling?"

"The first one died by heart attack when he won the 1,000,000,000 lotto. The second one also died by heart attack when his son did the top of the class."

"Then what about the third one?"

"The third one died by thunder but he thought the lightening was taking a picture then smiled."

 take a picture : 사진을 찍다

꼬마의 궁금증

다섯 살 먹은 꼬마가 할머니에게 물었다.

"할머니가 아빠를 낳았어?"

"그래, 내가 낳았지."

"고모도 낳았어?"

"그래, 고모도 내가 낳았지."

"삼촌도?"

"그래, 삼촌도."

그러자 꼬마는 고개를 갸웃거리더니 물었다.

"할머니, 엄마는 애들만 낳았는데 할머니는 왜 어른만 낳았어?"

 ## 子供の知りたい事

五歳になった子供がお婆さんに聞いた.

"お婆さんがパパを生んだの?"

"そう, 私が生んだの."

"叔母さんも生んだの?"

"そう, 叔母さんも私が生んだの."

"叔父さんも?"

"そう, 叔父さんも."

すると子供は首をかしげながら聞いた.

"お婆さん, ママは子供たちだけ生んだがお婆さんはどうして大人だけ生んだの?"

A Little Boy's Question

A five-year-old little boy asked to his grandma.

"Grandma, you gave a birth to my dad?"

"Yes, I did."

"You also gave a birth to aunt?"

"Yes, I did."

"You also gave a birth to uncle?"

"Yes, I did."

The little boy shook his head because of curiosity.

"My mom gave birth to only children, but why grandma gave birth to only adults?"

멍청한 아랍인

사막을 여행하던 아랍인이 한 달 이상을 여행하다보니 여자 생각이 간절하였다. 그런데 궁하면 통한다고 그가 타고 다니던 낙타를 보니 암컷이었다. 그래서 낙타 뒤로 가서 일을 시작하려고 하는데 낙타가 뒷발질을 하였다.

이렇게 실랑이를 벌이고 있는데 그때 천사처럼 아름다운 한 여인이 나타나 말했다.

"물 좀 주세요! 그러면 뭐든지 다 들어드리겠습니다."

그러자 그 아랍인은 흔쾌히 물을 주었다. 그 여인은 금방 생기가 나서 고맙다고 절을 하며 물었다.

"무엇을 도와드릴까요?"

그러자 그 아랍인이 말하였다.

"제가 저 낙타하고 일을 좀 보려는데 뒷발질을 해대니 할 수가 없군요. 그러니 저 낙타 뒷다리를 좀 잡아줘요."

あほうなアラブ人

砂漠を旅行したアラブ人が一ヶ月以上を旅行していると女への思いが切実だった. ところで窮すれば通じると彼が乗っていたラクダを見たらメスだった. それでラクダの後に行って事を始めようと思ったらラクダが後ろ足で蹴るのだ.

そんないざこざをしているその時、天使のように美しい女性一人が現われて言った.

"水をちょっとください! そうしたらなんでもみんなお持ちします."

するとそのアラブ人はこころよく水をあげた. その女性はすぐ生気が出てありがたいとお辞儀をしながら聞いた.

"何をお手伝いしましょうか?"

するとそのアラブ人が言った.

"私があのラクダと事をちょっとしようとするんだが後ろ足で蹴るので、することができません. だからあのラクダの後足をちょっと持ってくれ."

🦎 Stupid Arabic Guy

An arabic guy was traveling in desert area over one month and was dying to sleep with a woman. He was riding a camel and looked down it. He found out the camel was female. The arabic man went to the back of the camel and tried to do something.

However, the camel kept kicking him. Suddenly, an angelic woman told him. "Please, give me some water. Then I will do whatever you ask." The arabic guy was happy to give her some water. The woman looked much better and bowed.

"Now, what shall I do for you?"

"You hold the camel's leg. Then I will have fun with her."

🦎 find out : 알아 내다. 알게 되다

국회의원은 믿을 수가 없어서

국회의원들이 시골 여행을 마치고 돌아가다가 강의 다리에서 버스가 굴러 반은 죽고 반은 살았다. 마침 그곳을 지나던 농부가 그 광경을 보고 달려가더니 살아있는 국회의원까지 모두 묻어 버렸다.

그는 살인죄로 잡혀갔고, 재판장이 물었다.

"왜 살아있는 국회의원까지 모두 파묻어 죽게 하였지요?"

그러자 농부가 대답하였다.

"글쎄, 국회의원들의 말을 믿을 수가 있어야지요."

 ## 国会議員は信じることができなくて

国会議員たちが田舎旅行を終えて帰っている途中川の橋でバスが転がって半分は死んで半分は生き残った. ちょうどその所を通った農夫がその光景を見て駆け付けて生きている国会議員まで皆埋めてしまった. 彼は殺人罪で逮捕され, 裁判長が聞いた.

"どうして生きている国会議員まで皆埋めて殺したんですか?"

すると農夫が答えた.

"そうですね, 国会議員たちの言葉を信じることができるかね."

Can't Believe Congressmen

Congressmen went to a trip in countryside and had a traffic accident on the way home. Half of them died, and half of them were survived. There was a farmer who witnessed the accident who ran to the scene. The farmer buried all the congressmen who were survived. The farmer was caught and charged with murder.

He was at the court and the judge asked.

"Why did you bury all the congressmen who were live?"

The farmer answered.

"The congressmen said they were alive, but how can I believe what congressmen said?"

 be charged with : 살인혐의로 기소되다

노처녀와 강도

어느 은행에 두 명의 강도가 침입했다. 그중 덩치가 큰 한 명이 소리를 쳤다.

"남자는 모두 책상 밑에 엎드리고 여자는 모두 줄 서! 우리는 먼저 돈을 털고 그 다음에는 여자들을 모두 성폭행할 것이다! 푸하하하!!!"

같이 온 동료가 소리쳤다.

"야! 빨리 돈이나 뺏어 도망가자구!"

그러자 접수대 옆에 있던 노처녀가 소리쳤다.

"야! 너는 입 닥치고 네 일이나 해!"

 ## オールドミスと強盗

ある銀行に二人の強盗が侵入した. なかでも図体が大きい一人が大声で叫んだ.

"男は皆机の下に伏せて女は皆並んで! 私たちは先にお金を詰めてその次には女達を皆強姦するんだ! プハハハ!!!"

一緒に来た仲間が叫んだ.

"やぁ! 早くお金を奪って逃げよう!"

すると受付の隣にいたオールドミスが叫んだ.

"やぁ! お前は黙って自分の仕事をしろ!"

Old Miss and a Thief

Two thieves went to a bank. Bigger thief screamed.

"All the men, lie under the desk. All the women, line up! We'll rape you girls after we collect all the money!"

The other thief screamed.

"Hey! Hurry up! Just collect money and we'll leave."

An old miss screamed at the reception.

"You shut up! Mind your own business!"

 hurry up ! : 서둘러 !

mind your own business : 참견 마라

 ## 노인의 정력

80세 오지명이 검진을 받으러 병원에 갔다.

의사가 건강이 어떠냐고 묻자 태연하게 대답했다.

"아~글쎄, 18세 되는 내 마누라가 임신을 했어요. 그러면 어느 정도 인지 짐작이 가나요?"

의사는 고개를 갸웃거리더니 이렇게 이야기했다.

"옛날에 어느 사냥꾼이 사냥을 가면서 총을 가져간다는 게 그만 우산을 들고 갔지요.

그런데 갑자기 호랑이가 나타나자 급한 김에 그 우산으로 겨냥하고 쏘았더니 호랑이가 쓰러졌답니다."

그러자 오지명이 껄껄 웃으며 말했다.

"에이, 설마? 다른 사람이 쏘았겠지."

그러자 의사 왈.

"제 말이 그 말입니다."

年寄りの精力

80歳オ・ジミョンが検診を受けに病院へ行った.

医者が健康がどうなのかと聞くと平然と答えた.

"あ～そうですね, 18歳になる私の妻が妊娠をしました. それではどの 位なのか見当がつくでしょう?"

医者は首を傾げながらこんな話をした.

"昔ある狩人が狩りをしに行きながら鉄砲を持って行くのについ傘を持

って行ったんです. ところが急に虎が現われると慌てていたのでその傘で狙って投げたら虎が倒れたんです."

するとオ・ジミョンがからから笑いながら言った.

"エイ, まさか? 他の人がうったんだろう."

すると医者.

"私が言いたいのはそれだよ."

 ## Old Man's Stamina

Eighty-year-old Oh Jimyung went to the hospital for medical check-up.

The doctor asked Mr. Oh how was his health. He answered.

"You know, I have 18-year-old wife who is pregnant."

Doctor replied.

"A long long time ago, there was a hunter who went to hunting. He brought an umbrella instead of a rifle. Suddenly, a tiger came and the hunter banged the umbrella and the tiger died."

Oh Jimyung laughed and said.

"I think somebody else shoot the tiger."

The doctor answered.

"That's what I am talking."

엄지손가락이 시려서

중요한 손님들을 모시고 고급식당엘 갔는데 종업원이 수프에 엄지손가락을 푹 담그고 왔다.

그걸 보고 손님이 야단을 쳤다.

"여보세요! 먹는 음식에 그렇게 손가락을 집어넣으면 어떻게 먹으라는 거요?"

"죄송합니다. 실은 엄지손가락이 시려서 따뜻한 수프에 잠깐 넣었습니다."

손님은 더욱 화가 나서 소리쳤다.

"그렇게 손가락이 시리면 항문 속에 넣고 있지 그래요?!"

그러자 종업원 왈.

"그렇지 않아도 조금 전까지 넣고 있었어요."

 ## 親指が冷たくて

大切なお客さんたちを連れて高級食堂へ行ったか従業員がスープに親指をずぼっとつけて来た.

それを見てお客さんが叱りつけた.

"ちょっと! 食べ物にそのように指を入れたら、どうやって食べろというんですか?"

"申し訳ありません. 実は親指が冷たくて暖かいスープにちょっと入れました."

お客さんはもっと頭に来て叫んだ.

"そのように指が冷たいなら肛門の中に入れていたらいいのに?!"
すると従業員曰く.
"そうじゃなくても先程まで入れていました."

 ## Thumb Was Shivering

A man brought important clients to an expensive restaurant.

He saw a waiter whose thumb was in the soup. The customer asked.

"How come you put your thumb in the soup? How can I eat this soup?"

The waiter apologized and said.

"My thumb was shivering and I put in the soup to warm."

The customer got more angry and said.

"Why didn't you put in your ass?"

The waiter answered.

"Actually, I did before I put my thumb in the soup."

우유짜기 자동화

모리시다가 최신형 하이테크 우유짜는 기계를 주문하였는데, 마침 마누라가 없을 때 그 기계가 배달되었다.

그는 우선 자신의 거시기를 그 기계에 넣어 실험을 한 결과 모든 것이 매우 만족스러웠다. 그러나 실험이 끝난 후 거시기를 빼려고 했으나 빠지지 않았다.

그래서 급히 고객센타에 전화를 했더니 그 대답은 아주 간단했다.

"걱정하지 마세요!! 그 기계는 원스톱 자동이라서 5ℓ 정도의 양을 짜고 나면 자동으로 빠지게 되어 있습니다."

牛乳絞り自動化

森下が最新型ハイテク 牛乳絞り機械を注文したが，ちょうど妻がいない時その機械が送られてきた.

彼はまず自分のあれをその機械に入れて実験をした結果、すべてのものが非常に満足だった．しかし実験が終わった後あれを抜こうとしたが抜けなかった.

それで急いで顧客センターに電話をしたらその返事はとても簡単だった.

"心配しないでください!! その機械はワン・ストップ自動なので 5L 程度の量を絞ったら自動で抜けるようになっています."

Automation of Milking

A farm owner, Morishida ordered a high-tech automation milking machine.

The machine arrived when his wife was away.

Morishida wanted to test the machine and put his penis in it. The machine was one-touch automation. He felt so good. He wanted to take off his penis after he had fun, but couldn't.

He called the customer service center. The operator answered clearly.

"Don't worry. The machine milks about 5liter and take off automatically."

take off : ~를 빼다

시골 처녀

　시골 깡촌에 살던 나라가 파출부라도 해서 돈을 벌려고 서울로 왔다.

　처음으로 간 집이 마침 주인의 생일이라 손님들이 많이 와서 분주하게 일을 하는데, 음식이 짰던지 주인아저씨가 자꾸 냉수를 찾는다. 그래서 냉수를 몇번 날라다 주었는데 조금 있다가 또 한 잔 가져오라고 했다. 그러나 나라는 빈 컵만 들고 난감해하면서 그냥 서 있는 것이었다.

　주인이 의아해하면서 물었다.

　"아니, 냉수 가지고 오라니깐 왜 그냥 서 있어?"

　그러자 화장실 문을 가리키며 말했다.

　"누가 우물 속에 앉아 있어요!"

田舎娘

山奥の田舎に住んでいたナラがお手伝いさんでもしてお金を儲けようとソウルに来た.

初めに行った家がちょうど主人の誕生日で、お客さんたちがたくさん来て慌ただしく仕事をしていると，食べ物が塩辛かったのか主人がしきりに冷や水を捜す. それで冷や水を何度も運んであげたが少しして、また一杯持って来なさいと言った. しかしナラは空のコップだけ持って困り果てながらそのまま立っているのだった.

主人があやしげに聞いた.

"おい，冷や水持って来なさいといったのにどうしてそのまま立ってい

るんだ?"
すると風呂場の門を示しながら言った.
"誰かが井の中に座っています!"

Country Girl

A country girl came to Seoul to work as a maid to earn money.

The day she was hired at a family, it was the master's birthday.

There were many people who were invited at the party. The Master kept asking cold water. She brought clod water many times, but the master kept asking cold water.

She was just standing with an empty cup.

The master asked.

"I asked you to bring cold water and why are you just standing?"

The maid pointed the toilet door and answered.

"Someone is sitting on the creek."

어떻게 알았지?

사장실에서 사장과 부사장이 대화를 나누고 있었다.

사장: 자네랑 나, 둘 중에 누가 더 무거울 것 같나?

부사장: 사장님이 더 무거우실 것 같은데요.

사장: 아니야, 난 75kg밖에 안 된다고. 내가 더 가볍지 않나?

부사장: 하지만 사장님은 허리둘레가 굵지 않습니까?

그러자 옆에서 듣고 있던 여비서가 조용히 말했다.

"사장님이 더 무거우세요!"

 ## どうして分かったの?

社長室で社長と副社長が会話を交わしていた.

社長: お前と私, 二人の中で誰がもっと重いかね?

副社長: 社長がもっと重いみたいですよ.

社長: いいや, 私は 75kgしかない. 私がもっと軽くないか?

副社長: しかし社長は胴回りが太くないですか?

すると横で聞いていた女秘書が静かに言った.

"社長がもっと重いですよ!"

How Did You Know That?

President and vice president were having conversation at the president's office.

President : Who is heavier? You or me?

Vice president : I guess you're heavier than me.

President : I don't think so. I only weigh 75kg.

Vice president : But your waist is thicker than mine.

They argued over weight.

Suddenly, the secretary screamed who worked quietly.

"Mr. President is heavier!"

 have conversation : 대화를 하다

어려운 질문

아기낙타가 엄마낙타에게 물었다.

아기: 엄마, 왜 우리 낙타들의 눈썹은 이렇게 큰 거야?

엄마: 응, 그래야 사막의 모래폭풍 속에서도 잘 볼 수 있단다.

아기: 그러면, 왜 발은 이렇게 큰 거야?

엄마: 응, 그건 모래 속에서도 빠지지 않고 잘 걷기 위해서지.

아기: 그럼, 등의 혹은 왜 있는 거야?

엄마: 그건 사막에서 오랜 동안 여행할 때 먹지 않아도 영양과 수분을 얻기 위해서지.

곰곰이 생각하던 아기 낙타가 물었다.

"근데 우린 왜 동물원에 있어?"

 ## 難しい質問

赤ちゃんラクダがママラクダに聞いた.

赤ちゃん: ママ, どうして私たちラクダたちのまつげはこんなに長いの?

ママ: うん, それだから砂漠の砂暴風の中でもよく見れるのよ.

赤ちゃん: それでは, どうして足はこんなに大きいの?

ママ: うん, それは砂の中でもはまらないでよく歩くためよ.

赤ちゃん: それでは, 背中のこぶはどうしてあるか?

ママ: それは砂漠で長い間旅行する時食べなくても栄養と水気を得るためよ.

じいっと考えていた赤ちゃんラクダが聞いた.

"ところで私たちはどうして動物園にいるの?"

 ## Difficult Question

A baby camel asked mother camel.

Baby camel : "Mom, why we camel have big eyes?"

Mother camel : "With our big eyes, we can see well in desert storm."

Baby camel : "Then, why do we have very big feet?"

Mother camel : "Because we can walk well in sand."

Baby camel : "Why do we have humps?"

Mother camel : "Because we can keep nutrition and moisture in humps while we travel the desert for a long time."

Baby camel thought hard and asked.

"Then, why are we in the zoo?"

 think hard : 골똘히 생각하다

결혼 못하는 이유

교제한 지 2년이 넘은 한 커플이 있었다.

여자는 남자가 프러포즈를 하지 않자 초조해진 나머지 먼저 결혼 이야기를 꺼냈다. 그런데 그 때마다 남자는 못 들은 척 떨떠름한 표정을 지으며 외면했다. 그러자 그냥 두어서는 안되겠다 마음먹은 여자가 따졌다.

"도대체 결혼하자는 말만 나오면 왜 피하는 거예요?"

"집안에서 반대가 너무 심해서 말을 꺼내지도 못해."

"누가 그렇게 반대를 하나요? 아버지요?"

"아니…."

더욱 답답해진 여자는 흥분하며 대답을 재촉했다.

"그럼, 어머니? 형제들? 도대체 누구예요?"

그러자 남자는 기어들어가는 목소리로 답했다.

"내 마누라가…."

結婚できない理由

付き合ってから 2年が過ぎた一つのカップルがいた.

女は男がプロポーズをしないで苛立たしくなったあげく 先に結婚話を取り出した. ところがその度に男は聞かない振りをして澁い顔をしながらそっぽを向いた. するとそのままにしてはいけないと心に決めた女が問い詰めた.

"一体結婚しようというとどうして避けるんです?"

"家で反対がひどすぎて話を取り出すこともできない."

"誰がそのように反対をするんですか? お父さんなの?"

"いや…."

もっと息苦しくなった女は興奮して返事を急ぎ立てた.

"それでは, お母さん? 兄弟たち? 一体誰ですか?"

すると男は消え入りそうな声で答えた.

"私の妻が…."

Why They Were Still Singles

There was a couple who went out over 2 years. Woman became nervous because the man didn't propose to her, and asked the man about wedding. However, every time the woman asked him, he pretended not to hear. She asked very strongly this time. "Why do you always avoid me every time I mention about wedding?"

The man answered with mumbling.

"My family doesn't like you. I can't even talk about you."

"Who hates me? Your father?"

"No..."

She kept asking.

"Then who? Your mother? Your siblings? Who hates me? Who?"

The man answered merely.

"My wife..."

훌륭한 장모님

어느 부부가 부부싸움을 하던 중, 아내가 흥분해서 말했다.

"우리 엄마 말을 듣고 당신과 결혼하지 말았어야 했는데…"

"정말? 장모님이 우리 결혼을 반대하셨단 말이야?"

"그럼. 결사적으로 반대하셨지."

그러자 남편은 매우 아쉬운 듯 말했다.

"맙소사! 장모님이 그렇게 훌륭한 분인 것을 모르고 있었다니…!"

立派な妻の母

ある夫婦が夫婦けんかをしている時, 妻が興奮して言った.

"うちのママの言葉を聞いてあなたと結婚しなければよかったわ..."

"本当に? お義母さんが私たちの結婚を反対したのか?"

"そうよ. 決死的に反対したの."

するとご主人は非常に惜しいように言った.

"まったくもう! お義母さんがそんなに立派な方であることが分からなかったなんて…!"

Respectable Mother-in-Law

A married couple had a fight.

The wife screamed.

"I should've listened my mother, and shouldn't married to you."

"Really? Your mother was against our marriage?"

"Of course. She was fiercely against our marriage."

"Oh, my! I didn't realize how respectable your mom was."

특별헌금

교회에 벼락이 떨어져 교회 지붕이 전부 타버리고 말았다.

목사는 하는 수 없이 새로 교회지붕을 올리기 위하여 특별모금을 하겠다고 하면서 조금씩만 협조하면 금방 새로운 하나님의 집을 마련할 수 있을 것이라고 덧붙였다.

모든 신도들은 십시일반으로 특별헌금을 냈지만 한 사람만이 강력하게 거부했다.

목사가 그에게 이유를 묻자 그가 화를 내며 말했다.

"저는 자기 집에 불을 지른 사람에게는 단 한 푼의 돈도 줄 수 없습니다."

特別献金

教会にかみなりが落ちて教会の屋根が全部焼けてしまった.

牧師は仕方なく新たに教会の屋根を作るために特別募金をすると言いながら少しずつでも協力してくれればすぐ新しい神様の家を用意することができると付け加えた.

すべての信徒たちは十匙一飯で特別献金を出したが一人だけが力強く拒否した.

牧師が彼に理由を問うと彼が怒りながら言った.

"私は自分の家に火をつけた人にはただ一銭のお金もあげることができません."

Special Offering

The thunder struck the church and the roof was burned.

The pastor asked special offering to repair the roof to the parishioners.

The pastor told to parishioners that they would build God's house soon if they gather special offering. All parishioners gave special offerings, but one parishioner denied.

The pastor asked the reason and he answered.

"I wouldn't give a penny to the person who burned his own house."

wouldn't give a penny : 한 푼도 줄 수 없다

 말버릇

　어떤 부인이 사사건건 말끝마다 '당신이 뭘 알아요?' 라며 남편을 구박했다.

　어느 날 병원에서 전화가 걸려 왔다. 남편이 교통사고를 당해 중환자실에 있으니 빨리 오라는 연락이었다.

　부인은 허겁지겁 병원으로 달려갔다. 그러나 병원에 도착했을 때 남편은 흰 천을 뒤집어 쓰고 있었다. 부인은 막상 이런 허망한 남편을 보니 허구한 날 구박했던 게 미안하고 서러워 남편을 부여잡고 한없이 울었다. 그런데 이상한 일이 벌어졌다. 죽은 줄 알았던 남편이 기어가는 목소리로 말했다.

　"여보 나 아직 안 죽었어…."

　그러자 깜짝 놀란 부인, 버럭 소리를 질렀다.

　"당신이 뭘 알아요? 의사가 죽었다는데…."

 口癖

ある奥さんが事あるごとに‘あなたに何が分かりますか？ と言いながらご主人をいじめた.

ある日病院から電話がかかって来た. ご主人が交通事故にあって集中治療室にいるから早く来なさいという連絡だった.

奥さんはあたふたと病院に駆け付けた. しかし病院に到着した時夫は白い布地を被っていた. 奥さんは実際に空しい夫を見たら毎日のように

いじめたことがすまなくて悲しくて夫をつかんで限りなく泣いた.
ところが不思議な事が起った. 死んだはずだった夫が這う声で言った.
"あなた私はまだ死んでいない..."
するとびっくりした奥さん, かっと大声を出した.
"あなたに何が分かりますか? 医者が死んだというのに...."

Way of Talking

A married woman always ended her sentence with 'what do you know?' when she talked to her husband.

One day, she received a phone call from the hospital. Her husband had a very bad traffic accident and was in intensive care unit at the hospital. She was asked to come to the hospital immediately. She went to the hospital in a hurry. However, by the time she arrived at the hospital, her husband was already dead. She felt so bad and guilty because she often abused him. She kept crying and crying. Suddenly, strange thing happened. She heard the voice of her late husband.

"Honey, I am not dead..."

Surprised wife stopped crying and screamed.

"What do you know? Doctor said you're dead."

 what do you know? : 네가 뭘 알아?

피임에 실패한 이유

　보건소 직원들이 우리나라의 인구가 너무 많으니 가족계획을 해야 한다고 홍보를 했다.

　방법에는 여러 가지가 있으나 가장 손쉬운 방법은 콘돔을 사용하는 것이며, 그 방법은 이렇게 하는 것이라고 엄지손가락에 콘돔을 씌워 보이며 구구절절 설명을 하고 돌아갔다.

　이듬해, 보건소에서 다시 설문 조사를 하러 나왔다.

　그러나 어찌된 일인지 그 마을에는 아이들이 많이 태어나 있었다.

　의아해진 보건소 직원이 어찌된 일이냐고 물었다.

　동네 아저씨들 왈~~~~

　"선생님이 가르쳐 준대로 엄지손가락에 끼우고 했지요~~~~~."

 ## 避妊に失敗した理由

保健所職員たちが我が国の人口があまりにも多いから家族計画をしなければならないと広報をした.

方法にはいろいろあるが一番簡単な方法はコンドームを使うことであり, その使い方はこのようにすることだと親指にコンドームをかぶせて見せて一言文句すべて説明をして帰った.

翌年, 保健所でまたアンケート調査をしに来た.

しかしどうした事かその村には子供がたくさん生まれていた.

腑に落ちない保健所職員がどうした事なのかと聞いた.

町内のおじさんたち曰く～～～～

"先生が教えてくれたとおり親指に填めたたんです～～～."

Reason of Failing Birth Control

Staffs from public health center came to a small village to introduce about birth control. They told there were too many people in this country and we needed to use birth control. They told there were many ways of birth control. Among them, condom was the easiest. They explained carefully how to use condom. They used thumb to perform how to use condom.

Next year, staffs from the public health center came to the same village to survey about birth control. However, there were many newborn babies. Staffs asked what happened. Village men said.

"We did use condom just like you taught us. We wore condom on our thumbs."

어느 장례식 행렬

어느 장례식 행렬에서 맨 앞 남자는 개를 안고 가고, 그 뒤로 많은 남자들이 줄지어 따라가고 있었다. 이상하게 여긴 지나가던 남자가 개를 안고 있는 상주에게 물었다.

"누가 죽었으며, 개는 왜 안고 가며, 뒤에 따라오는 수많은 남자들은 다 누구죠?"

그러자 상주가 대답했다.

"사망자는 제 마누라이고, 바로 이 개가 물어 죽였답니다."

그러자 그 질문한 남자가 미소가 가득한 얼굴로 물었다.

"그 개를 좀 빌릴 수 없을까요?"

그러자 상주의 답변.

"가능하지요. 하지만 시간이 좀 걸릴 겁니다. 뒤에 따라오는 남자들이 모두 이 개를 빌리기 위하여 따라오고 있거든요."

ある葬式行列

ある葬式行列で一番前の男は犬を抱いて行って，その後から多くの男たちが列をなして付いて行っていた．変に思ったここを通り過ぎる男が、犬を抱いている喪主に聞いた.

"誰が死んで，犬はどうして抱いて，後から付いて来るたくさんの男たちはみんな誰ですか?"

すると喪主が答えた.

"死亡者は私の妻で，まさにこの犬が噛んで殺したんです."

するとその質問した男がほほ笑み一杯な顔で聞いた.
"その犬をちょっと借りることができないでしょうか?"
すると喪主の返事.
"いいですけど. しかし時間がちょっとかかるでしょう. 後から付い
て来る男たちが皆この犬を借りるために付いて来ているんですよ."

Funeral Procession

There was a man on front line who held a dog at a funeral procession.

Many men followed the man with a dog. A man who was passing by the funeral procession thought weird. He asked to the principal mourner who held a dog.

"Who died? Why do you hold a dog? Who are all the men following you?"

The principal mourner answered.

"My wife is dead. This dog bit her..."

The man asked with a big smile.

"May I borrow your dog?"

The principal mourner answered.

"Sure, but it will take some time. All the men behind me are waiting their turns."

 유전

사오정이 치아가 너무 못생겨서 어릴적부터 많은 놀림을 받았다. 견디다 못한 사오정이 엄마에게 사정을 했다.

"엄마! 치아교정 좀 해줘요. 제발요."

"안 된다. 그거 너무 비싸!"

"이게 다 엄마 때문이야. 엄마가 날 이렇게 낳았잖아!"

그러자 엄마의 엽기적인 한마디!

"처음에 너 낳았을 때 이빨 없었다."

 遺伝

沙五淨が歯並びがとても悪くて小さい頃から多くの冷やかしを受けた. 耐えきれない沙五淨が母に頼んだ.

"お母さん!歯の矯正をちょっとしてくれ. おねがいだよ."

"だめよ. それは高過ぎて!"

"これはお母さんのせいだ. お母さんが私をこんなふうに生んだんじゃないか!"

すると母の猟奇的な一言!

"初めにお前を生んだ時歯はなかった."

Genetic Inheritance

People had made fun of Saojeong's funny teeth since he was young. Saojeong begged his mom.

"Mom. I want brace on my teeth. Please..."

"No, that's too expensive!"

"It's because of you. You gave birth to me!"

Then mom replied.

"When I gave birth to you, you didn't have any tooth."

 make fun of : ~를 놀리다, 비웃다

고속도로에서 생긴 일

여기는 80Km 구간. 한 신사가 100㎞로 차를 달리다가 교통 경찰관에게 걸렸다.

더 속도를 내며 지나가는 다른 차들도 있는데 자기만 적발된 것이 너무 억울하게 생각되어서 경찰관에게 대들었다.

"아니, 다른 차들도 다 속도위반인데 왜 나만 잡아요?"

경찰관이 물었다.

"당신 낚시 해봤수?"

"물론 해봤죠!"

그러자 경찰관이 능글맞게 웃으며 하는 말.

"그럼 댁은 낚시터에 있는 물고기를 몽땅 잡수?"

高速道路での出来事

ここは 80Km 区間. 一人の紳士が 100Kmで車を走らせている途中、交通警察官に捕まった.

もっと速度を出しながら過ぎ去る他の車もあるのに、自分だけ摘発されたのがとても悔しく思えて警察官に食って掛かった.

"いや，他の車もすべて速度違反なのにどうして私だけ捕まえるのか?"

警察官が聞いた.

"あなたは釣りをしたことがあるか?"

"もちろん!あります!"

すると警察官がふてぶてしく笑いながら言う言葉.

"それでは、あなたは釣り場にいる魚を全部捕まえるのか?"

On the Highway

A gentleman was caught by a patrol officer when he sped up to 100km at the 80km section. The gentleman saw many car ran over 100km and complained to the patrol officer.

"Why did you catch me? There are many cars sped up more than me..."

The patrol officer asked.

"Have you ever gone fishing?"

"Of course I did."

The patrol officer answered with smile.

"Then, did you catch all the fish?"

speed up : 속도를 내다

 ## 부인의 심부름

출근을 하려는 형래에게 아내가 브레이저를 하나 사다 달라고 했다. 형래는 퇴근길에 용기를 내어 속옷가게에 들어갔다. 점원은 20대 중반의 섹시한 여자였다.

그런데 싸이즈를 몰라서 머뭇거리고 있으려니 그 점원이 말했다.

"그럼 저를 만져보시고 비교해서 사가세요!"

"정말요?

"물론이죠, 괜찮다니깐요."

형래, 오늘 대박 터지는 날이었다.

아내는 한 개만 사오라고 했으나 만지는 재미에 빠지다보니 빨, 주, 노, 초, 파, 남, 보 7가지 무지개 색을 다 사가지고 들어갔다.

웬 횡재냐며 즐거워하는 아내에게 팬티는 필요 없냐고 물으니 그것도 필요하단다.

'앗싸!'

 ## 奥さんのおつかい

出勤をしようとするヒョンレに妻がブラジャーを一つ買って来てくれと言った。ヒョンレは帰り道に勇気を出して下着店に入った。店員は20代中盤のセクシーな女だった。

ところでサイズが分からなくてもじもじしているとその店員が言った。

"それでは私を触って見て比較して買って行ったら!"

"本当ですか?"

"勿論です，いいですよ"

ヒョンレは，今日大当りの日だった.

妻は一つだけ買って来なさいと言ったが触る楽しさにはまって赤, 朱, 黄, 緑, 青, 紺, 紫 7種類の虹色をすべて買って帰った.

どうしたことかと思いがけないことに喜んでいる妻にパンティーは必要ないかと聞いたらそれも必要だと言う.

'やった！'

 ## Errand from Wife

Hyungrae's wife asked him to buy a bra on the way home when he left home in the morning.

Hyungrae dropped by a lingerie shop where the owner was mid-20's sexy woman.

He didn't know the size of bra. He called his wife, but there was no answer.

When he hesitated, the owner asked.

"You can touch me and compare with your wife."

"Are you sure?"

"Of course, I am serious."

It was surly his day.

He forgot that his wife wanted him to buy one bra. He bought seven rainbow color bras. His wife was very happy and he asked.

"Do you need some panties as well?"

"That will be great if you buy me some."

 drop by : 잠깐 들르다

기막힌 우연

양계장 주인이 술집에 들어서더니 한 여성의 옆에 앉아 칵테일 한 잔을 주문했다.

그러자 여성도 얼굴에 생기를 띠며 말했다.

여자 : 어머! 저도 같은 걸로 주문했어요, 오늘은 특별한 날이라서 축하주를 마시려고요.

양계장 주인 : 무엇을 축하하는데요?

여자 : 남편과 저는 전부터 아이를 가지려고 노력해 왔는데 드디어 오늘 산부인과 의사가 임신이래요.

양계장 주인 : 이런 기막힌 우연이… 전 양계장을 하는데 오랫동안 우리 집 암탉들이 알을 낳지 못하다가 마침내 오늘 알을 낳았지 뭐요.

여자 : 어떻게 암탉들이 갑자기 알을 가지게 된 걸까요?

양계장 주인 : 수탉을 교체했거든요.

여자 : 어머, 나도 그랬는데…….

ものすごい偶然

養鶏場の主人が居酒屋に入って、ある女性の横に座ってカクテル一杯を注文した,

すると女性が顔に活気を帯びながら言った.

女 : あら! 私も同じものを注文したのよ, 今日は特別な日なので祝い酒を飲もうと思って.

養鶏場主人：何を祝うんですか?

女 ： 夫と私は前から妊娠しようと努力して来たがとうとう今日産婦人科の医者に妊娠だと言われました,

養鶏場主人：こんなものすごい偶然が…私は養鶏場をしているが長い間うちのめんどりたちが卵を生まなかったが遂に今日卵を生んだんですよ.

女 ： どうしてめんどりたちが急に卵を生むようになったんですか?

養鶏場主人： 雄鳥を入れ替えたんですよ.

女 ： あら, 私もそうなのよ…….

 ## Unbelievable Coincidence

A chicken farm's owner went to a bar and sat next to a woman.

He ordered cocktail. The woman looked happy.

Woman : I ordered the same cocktail. It's a special day today. I want to celebrate

Man : What are you celebrating?

Woman : My husband and I have been trying to have a baby. I confirmed today at the hospital that I am pregnant.

Man : What a coincidence! I run a chicken farm. For a long time, hens didn't give eggs. However, hens gave eggs today.

Woman : What happened to hens?

Man : I changed cocks.

Woman : What a coincidence. It also happened me.

 What a coincidence ! : 무슨 우연이람 !

 ## 사장의 망신

어느 회사 사장님이 아주 섹시하고 유능한 여비서를 두게 됐다. 그래서 이리저리 기회를 보았지만 손톱만큼도 빈틈이 없었다. 그러던 어느 날, 그녀가 사장에게 은밀히 말했다.

"사장님! 오늘저녁 제 아파트로 와 주세요."

룰루 랄라~ 사장은 신이 나서 때 빼고 광 낸 뒤 여비서의 아파트를 찾아갔다.

요염한 차림의 여비서가 반갑게 맞이하며 애교가 잔뜩 실린 말로 속삭였다.

"사장님! 5분만 계시다 안방으로 들어 오세용~ 제가 먼저 준비해야 하니까요."

사장은 미리 옷을 벗고 실오라기하나 걸치지 않은 알몸으로 기다렸다.

"사장니~임! 이제 들어오셔도 돼요."

잔뜩 기대하고 안방문을 연 순간, 회사 전직원들이 폭죽을 터트리며 합창을 했다.

"사장님~ 생신 축하합니다."

社長の恥さらし

ある会社の社長がとてもセクシーで有能な女秘書を置くようになった。
それであれこれと機会を狙ったが爪ほどの透きがなかった。
そうしたある日, 彼女が社長に隠密に言った。

"社長! 今晩私のマンションに来てください."

社長は浮かれてあか擦りをして光沢を出した後、女秘書のマンションを訪ねた.

色っぽい身なりの女秘書が嬉しく迎えて、愛嬌がいっぱい含まれた言葉でささやいた.

"社長! 5分だけしたら奥座敷に入って来てね〜私は先に準備しなければならないから."

社長はあらかじめ服を脱いで一糸もまとわぬすっぱだかで待った.

"社長〜さん! もう入って来てもいいです."

ものすごく期待して奥座敷を開いた瞬間, 会社の全職員たちが爆竹を打ち上げて合唱をした.

"社長〜 誕生日おめでとうございます."

Disgrace of the President

A president hired a very sexy and intelligent secretary. He wanted to do something with her, but the secretary didn't even glance at him. She was strikingly beautiful and worked excellently.

One day, the secretary whispered to him.

"Will you come to my place tonight?"

The president was extremely happy and went to her place in the evening.

The secretary welcomed him and whispered.

"You can come to my bedroom 5 minutes later. I have to get

ready."

He was naked and was waiting for 5 minutes. The secretary called the president.

"You may come in now."

He opened the door and almost fainted. The secretary and all employees blowed the fire cracker and said.

"Happy birthday!!!"

 ## 추격전

이시하라가 고속도로에서 뒤의 경찰차를 보자마자 엄청나게 빠른 속도로 달리기 시작했다. 경찰차는 바로 사이렌을 울리며 뒤를 쫓았다. 하지만 이시하라는 차를 정지시키려 하지 않았고, 수 십분 동안 숨막히는 추격전이 벌어졌다. 쫓고 쫓기는 추격전 끝에 결국 이시하라는 차를 세웠고, 경찰이 다가와 물었다.

"그렇게 과속을 하면서 도망친 이유가 뭡니까?"

그러자 이시하라가 긴 한숨을 쉬며 말했다.

"몇달 전에 내 마누라가 경찰이랑 눈이 맞아 꼭 저렇게 생긴 백차를 타고 달아났답니다."

"그게 무슨 엉뚱한 말이요?"

그러자 이시하라가 말했다.

"죄송합니다. 저는 그 경찰관이 제 마누라를 돌려주려고 따라오는 줄 알고…."

 ## 追撃戦

石原が高速道路で後ろのパトカーを見るやいなやとほうもない速い速度で走り始めた. パトカーはすぐサイレンを鳴らして後を追い掛けた. しかし石原は車を停止させようと思わなかったし, 数十分間息詰まる追撃戦が起った. 追って追われての追撃戦のあげく結局石原は車を止め, 警察が近付いて来て聞いた.

"そのようにスピートを出しながら逃げた理由は何ですか?"

すると石原が深いため息をつきながら言った.

"数ヶ月前に私の妻が警察と出来て、間違いなくあのような白い車に乗って逃げたんです."

"それと何か関係があるのか?"

すると石原が言った.

"申し訳ありません. 私はその警察官が私の妻を返そうと付いて来るのかと思って…."

Running Fight

A guy saw the patrol car on the highway and ran away with extremely fast speed.

The patrol car rang the siren and followed the car. However, the car didn't stopped.

There was a running fight at the highway for a while. Finally, the car stopped and the patrol officer came to the car. The patrol officer asked.

"Why did you run away?"

The man sighed and said.

"My wife had an affair with a patrol officer. They took a patrol car like yours and ran away."

The patrol officer asked.

"I don't understand."

The man answered.

"I am sorry. I thought the patrol officer who had an affair with my wife followed me to return my wife..."

 have an affair with : ~와 관계를 맺다. 바람을 피우다

 이유

야마모또와 이노끼가 여행을 하다가 강변에 이르러 표지판을 보게 되었다.

'물에 빠진 사람을 구해 주는 자에게는 오만 엔을 줌'

둘은 의논을 했다. 한 명이 물에 빠지고 다른 한 명이 구해주면 오만 엔을 벌어 공짜로 관광을 할 수 있지 않느냐고… 그래서 이노끼가 물에 빠져 허우적대기 시작했다. 그런데 밖에 있는 야마모또는 구할 생각을 않는 것이었다. 물에 빠진 이노끼는 한참 허우적거리다 겨우 밖으로 기어 올라왔다.

"야, 약속이 틀리잖아! 내가 물에 빠지면 구해주기로 해 놓고 왜 꼼짝도 안 하는 거야?"

그러자 야마모또가 말했다.

"저 푯말 밑의 작은 글씨를 봐."

거기에는 이렇게 쓰여 있었다.

'죽은 자를 건져 내면 10만 엔.'

 理由

山本と猪木が旅行している途中川辺に至って表示板を見た.

'水におぼれた人を助けてくれた者には 5万円を贈'

二人は相談をした. 一人が水におぼれて他の一人が助けてあげれば

5万円を儲けてただで観光ができるぞ....

それで猪木が水に落ちてあっぷあっぷし始めた. ところが外にいる山本

は助けようとしないのだ。水におぼれた猪木はずいぶんあっぷあっぷ
してやっと外に這い上って来た。
"おい，約束が違うんじゃないか！ 俺が水におぼれれば助けてくれる
事にしたおいてどうしてじっとしてるの?"
すると山本が言った。
"あの表示板の下の小さな字を見て。"
そこにはこう書いてあった。
　'死亡者を引き上げれば 10万円。'

 ## Reason

Yamamoto and Inoki traveled together and found a sign at the
riverside. 'The person who saves a person from drowning will
get awarded 50,000 yen.' After they had a discussion, they
decided one of them to fall into the river and another to save.

Then they would get 50,000 yen award and would travel
comfortably. Inoki fell into the river. However, Yamamoto didn't
do anything. Inoki in the river swam and came to the river bank.

"Hey! You promised me to save me when I was pretending to
drown. Why didn't you save me?"

He pointed the sign.

"Read the sign carefully."

All the way down of the sign, it was written in small font.

'If you bring a dead body from the river, you will get awarded 100,000 yen.'

🌀 바람둥이의 최후

물레방앗간집 주인이 산 너머 마을로 밀가루 배달을 가게 되었다.

그런데 그의 마누라가 산 너머 동네 술집에는 반반한 여자들이 있다는 소문을 들었는지라 아무래도 안심이 안 되어 남편의 그것에다 밀가루를 흠뻑 칠해 주면서 일렀다.

"임자가 집에 오면 내 이걸 검사할 테니 엉뚱한 짓 하지 말아요. 알았어요?"

남편은 '제기랄! 밀가루야 천지인데 뭐.' 하고 콧방귀를 뀌며 집을 나섰다.

그리고 배달을 마치고 품삯을 받자 그 길로 곧장 술집에 가서 한잔하고, 계집과 재미를 본 다음 집에 돌아와 시치미를 뚝 떼고 마누라에게 말했다.

"자 볼 테면 보시오."

남편은 밀가루를 뒤집어 쓴 그것을 보였다.

그러자 마누라는 손가락으로 밀가루를 찍어 맛을 보더니 고래 고래 소릴 질렀다.

"이 능청스런 거짓말쟁이야. 난 가루에 소금을 섞었는데 이건 아무런 맛도 없잖아!?"

 ## 浮気者の最後

水車小屋の主人が山を越え村へ小麦粉配達に行くことになった。

ところが彼の妻が山を越えた村の居酒屋にはかなり美しい女達がいる

というううわさを聞いてどうしても安心できなくて夫のそれに小麦粉を
たっぷり塗りながら言った.

"あなたが家へ帰って来たら私がこれを検査するからとんでもないこと
はしないでね. 分かりましたか?"

ご主人は 'フン! 小麦粉はどこにでもいっぱいあるんだ.' と鼻を鳴らし
ながら家を出た.

そして配達を終えて賃金を受けるとそのまま まっすぐ居酒屋へ行って
一杯飲んで, 女と楽しんだ後家に帰って来てとぼけながら妻に言った.

"さあ、 見たいだけ見ろ."

ご主人は小麦粉を被ったそれを見せた. すると妻は指で小麦粉を取って味
を見るとぎゃあぎゃあとわめきたてた.

"このずうずうしい嘘つき者. 私は小麦粉に塩を混ぜたがこれは何の味も
しないじゃないか!?"

 Last Day of Womanizer

A mill's owner was about to deliver a sack of flour to the
other side of mountain.

He heard that there were beautiful women at the pub on the
other side of mountain.

His wife was nervous, and poured flour on his dick. She firmly
said,

"I'll check when you come home. Don't ever dream of cheating
on me!"

The mill's owner ignored because there was a plenty of flour.

After delivery, he went to the pub and drank.

He had a fun with a woman and returned home.

He saw his wife and said.

"Look!"

He showed his dick covered with flour. His wife tasted the flour and screamed.

"You liar! It tastes different.

I put salt in flour, but it is plain flour."

 be about to do something : 막 ~하려는 참이다

the other side of : ~의 저편, ~의 이면

철학자와 뱃사공

어느 철학자가 나룻배를 타고 가다가 뱃사공에게 철학을 배웠냐고 물었다.

그러자 뱃사공이 고개를 저었다.

"한심한 사람이군. 자넨 인생의 3분의 1을 헛살았구먼. 그렇다면 자넨 문학에 대해서는 공부를 했나?"

역시 뱃사공이 배우지 않았다고 하자, 철학자는 다시 인생의 3분의 2를 헛살았다고 말했다.

강을 절반쯤 건너갈 무렵, 갑자기 배에 물이 들면서 배가 가라앉기 시작했다.

이번에는 뱃사공이 철학자에게 물었다.

"선생님은 헤엄을 배웠나요?"

"아니요. 나 같은 고매한 철학자가 언제 그런 걸 배웠겠소?"

그러자 뱃사공이 말했다.

"선생님은 인생 전체를 헛살았군요. 안녕히 가시오!"

 ## 哲学者と船頭

ある哲学者が渡し船に乗っている途中船頭に哲学を学んだかと聞いた.

すると船頭が頭を横に振った.

"情けない人だね. 君は人生の 3分の 1を無駄に生きて来たね.

それなら君は文学については勉強をしたかね?"

やはり船頭が学ばなかったと答えると, 哲学者はまた人生の 3分の 2を無

駄に生きて来たねと言った.

川を半分ぐらいまで渡った頃, 急に船に水が入ってきて船が沈み始めた.

今度は船頭が哲学者に聞いた.

"先生は泳ぎを習いましたか?"

"いいえ. 私のような高邁な哲学者がいつそんなものを習うんだね?"

すると船頭が言った.

"先生は人生すべてを無駄に生きて来ましたね.

ごきげんようさようなら!"

Philosopher and the Boatman

A philosopher was in the boat and asked the boatman if he have learned philosophy.

The boatman shook his head.

"Poor man. You wasted 2/3 of your life. Then, did you study literature?"

The boatman told the philosopher he didn't.

The philosopher also told the boatman that he wasted 2/3 of life.

They crossed about half of the river. The boat suddenly started to sink. This time, the boatman asked philosopher that he learned swimming.

The philosopher shook his head.

The boatman said.

"You wasted your entire life. Good-bye!"

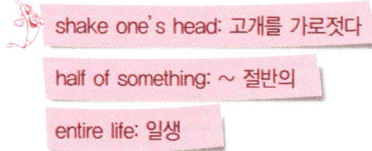

shake one's head: 고개를 가로젓다

half of something: ~ 절반의

entire life: 일생

신기한 두통약

한 사원이 보고서를 작성하다 머리가 아파오자 부장에게 물었다.

"두통약을 좀 얻을 수 있습니까?"

그러자 부장님 말씀.

"두통 없애는 방법 하나 알려 줄까? 약도 안 먹고 쉽게 낫는 방법이 있어요. 난 말야, 내 마누라한테 옷을 전부 벗고 침대에 누우라고 하지. 그리고 마누라의 젖무덤 사이에 머리를 묻고 몇 분간 좌우로 계속 흔드는 거야. 그렇게 하고 나면 두통이 말끔히 사라져 버리더라구!"

"그래요? 그럼 저도 그렇게 해 봐야겠네요."

그리고는 회사 밖으로 나간 지 한 시간이 지난 후, 상쾌한 표정을 지으며 돌아왔다.

부장이 궁금해서 물었다.

"효과가 좀 있었어?"

"예!~ 그럼요~~~! 이젠 날아갈 것 같은 기분인데요. 그런데 부장님은 정말 멋진 아파트에 사시더군요."

 ## 不思議な頭痛薬

ある社員が報告書を作成中に頭が痛くなり部長に聞いた.

"頭痛薬をちょっといただけますか?"

すると部長が言った.

"頭痛を無くす方法を一つ教えてあげようか? 薬を飲まなくてもすぐ治る方法がある. 私は 私の妻に服を全部脱いでベッドに横になりなさい

と言う．そして妻の胸のふくらみの間に頭をくっつけて何分間か左右に
ずっと振るの．そうしたら頭痛がすっきり消えてしまうんだ!"
"そうですか? それでは私もそうして見ます."
それから一時間後，彼はさわやかな顔をしながら帰って来た．
部長が気になって聞いた．
"効果はあったのか?"
"はい! もちろんですよ! もう飛ぶような気持ちですよ.
ところで部長は本当に素敵なマンションに住んでいますね."

Mysterious Painkiller

An employee was writing the report and had a headache. He went to his boss and asked.

"Do you have a painkiller?"

His boss said.

"You want me to tell how to get rid of headache without painkiller? I ask my wife to be naked and lie down on the bed. I put my head between her breasts and shake my head. After that my headache has gone..."

"Is that so? I will try this method."

He went out and came back to the office an hour later with smile.

Boss asked.

"How was it?"

"Sure! I am on cloud nine now. And... Your apartment is gorgeous!"

have a headache : 골치가 아프다. 두통이 있다

Is that so? : 그렇습니까?

 ## 예비 범죄

한 부부가 호숫가 휴양지로 휴가를 갔다.

낚시광인 남편은 배를 타고 새벽 낚시를 나갔다 들어와서 낮잠을 잤다. 그러자 부인이 혼자 남편의 배를 타고 호수 가운데까지 나가서 돛을 내리고 시원한 호수 바람을 즐기며 책을 읽고 있었다.

그때 경찰이 다가와 검문을 했다.

"부인 여기서 무엇을 하고 계십니까?"

"책을 읽고 있는데요. 뭐 잘못된 것이라도 있습니까?"

"예, 이 지역은 낚시 금지 구역이라 벌금을 내셔야겠습니다."

"아니, 여보세요. 낚시를 하지도 않았는데 벌금은 왜 낸단 말이에요?"

"낚시를 하고 있지는 않더라도 배에 낚시 도구를 완전히 갖추고 금지 구역 내에 정박하고 있는 것은 범죄 예비혐의로 벌금 사유에 해당됩니다."

"그래요? 그럼 난 당신을 성폭행죄로 고발하겠어요."

"아니 부인! 난 부인에게 손도 댄 적이 없는데 성폭행이라뇨?"

"당신도 시방 필요한 물건을 다 갖추고 내 가까이 있잖아요!"

予備犯罪

ある夫婦が湖畔の休養地に休暇に行った.

釣りマニアである夫は船に乗って夜明け釣りをして帰って来て昼寝をした. すると奥さんが一人でご主人の船に乗って湖のまん中まで出て帆を下げて涼しい湖の風を楽しみながら本を読んでいた.

その時警察が近付いて来て検問をした.

"奥さんここで何をしていらっしゃいますか?"

"本を読んでいますよ. なんか間違ったことでもしましたか?"

" はい, この地域は釣り禁止区域だから罰金を払っていただきます."

"あら, ちょっと. 釣りをしてもいないのに罰金をどうして払わない
といけないの?"

"釣りをしていないとしても船に釣り道具を完全に隠して禁止区域内に
停泊していることは犯罪予備疑いで罰金事由に当たります."

"そうですか? それでは私はあなたを強姦罪で告発します."

"いや奥さん! 私は奥さんに何もしていないのに強姦だって?"

"あなたも今現在 必要な品物をすべて取り揃えて私の近くにいるじゃ
ないですか!"

 ## Nearly a Crime

A married couple went to lakeside for vacation.

A husband was taking a nap who went fishing before sunrise
and his wife was on the boat middle of the lake and was reading
a book.

A patrol boat came to the wife and the police asked.

"Excuse me! What are you doing here?"

"I am reading a book. Something wrong?"

"Yes. This area is prohibited fishing and you have to pay a
fine."

"Hey! I don't even fishing and why do I have to pay a fine?"

"Even you don't do fishing, your boat is fully equipped for fishing, and your boat is in the fishing prohibited area. It is the reason you to pay a fine."

"Is that so? I will sue you for sexual harassment..."

"Ma'am I didn't even touch you and how come sexual harassment?"

"Because you are close to me with a dick..."

 take a nap : 낮잠을 자다

정말 재수 없는 날

오바마가 술집에서 술잔을 앞에 놓고 침울한 표정으로 앉아 있었다.

한 시간이 넘도록 꼼짝도 않고 앉아 있자 다른 자리에 앉아 있던 장난기가 많은 트럭 운전사가 그 옆자리로 오더니 오바마의 술잔을 집어 한 입에 마셔버렸다. 그러자 오바마가 울기 시작했다. 트럭 운전사가 말했다.

"이봐 왜 그래? 자네가 하도 우울해 하기에 그냥 장난한 거라구. 자, 내가 한잔 살께."

오바마가 입을 열었다.

"오늘은 내 인생 최악의 날이오. 아침에는 늦잠을 자느라고 중요한 회의에 참석 못했고, 때문에 회사에서 잘렸오. 그래서 회사 문을 나오는데 누가 내 차를 훔쳐 갔더라구요. 할 수 없이 택시를 타고 집 앞까지 왔는데 내려서 보니 지갑을 놓고 내렸지 뭐요."

듣고 있던 운전사는 공감한다며 고개를 끄덕였다.

"그리고 집안에 들어와 보니 마누라가 다른 남자와 침대에 누워 있는 게 아니겠소. 그래서 자살하려고 독을 넣어놓은 술까지 당신에게 빼앗겼지 뭐요."

本当に運が悪い日

オバマが居酒屋でグラスを前において落ち込んだ表情で座っていた.

一時間が過ぎてもびくともしないで座っていると他の席に座っていた、いたずらっ気が多いトラック運転手がその横の席に来てオバマのグラ

スを取って一口で飲んでしまった. するとオバマは泣き始めた.
トラック運転手が言った.

“おい どうした? お前があまりにも浮かない顔をしているのでいた
ずらをしたのだ. さあ, 俺がおごるよ.”

オバマが話しはじめた.

“今日は私の人生最悪の日です. 朝寝坊して重要な会議に参加できな
かったし, その為に会社を首になって. それで会社の外を出たら
誰かに私の車を盗まれて. 仕方なくタクシーに乗って家の前まで
来て降りたら財布をおいて降りてしまった！”

聞いていたトラック運転手は共感するとうなずいた.

“そして家に帰って来て見たら妻が別の男とベッドに横になっているじ
ゃないか. それで自殺しようと毒を入れておいたお酒まであなたに
飲まれてしまって まったく.”

🐾 The Day of Bad Luck

Obama was sitting at the bar with a glass of drink and has
very wrong face. Even after one hour, Obama was still sitting. A
truck driver came and had Obama's drink at once. Obama was
crying.

The truck driver told Obama.

“Hey, what's wrong? You look so upset and that's why I
teased. I'll buy you a drink.”

Obama said.

“It is the worst day of my life today. I missed an important meeting at work because I overslept. That's why I am fired."

He continued.

"When I left the office, I found someone have stolen my car. Then I grabbed a taxi and came home. I left my wallet in the taxi."

The truck driver noded and thought it was a bad day for Obama.

"When I came to the house, my wife was in bed with other man. That's why I came here."

The truck driver felt sorry for him.

"I put poison in my drink to kill myself, but you drank it."

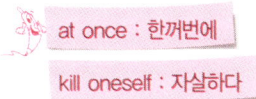

at once : 한꺼번에

kill oneself : 자살하다

정신병동 · 1

　어느 정신병원에서 환자가 고무신에 물을 가득 부어놓고 쭈그리고 앉아 열심히 낚시질을 하고 있었다. 지나가던 의사가 신기해서 물었다.

　"고기 좀 낚았어요?"

　"미친놈! 고무신짝에서 사는 고기 봤냐?"

 ### 精神病棟 · 1

　ある精神病院で患者がゴム靴に水をいっぱい入れてしゃがんで熱心に魚釣りをしていた. 通り過ぎた医者が不思議で聞いた.

　"魚は少し釣れましたか?"

　"気が狂っているのか! ゴム靴の中にいる魚を見たことがあるのか?"

 ### Mental Hospital · 1

There was a patient at a mental hospital.

The patient poured water in his shoe and did fishing.

A doctor was passing by and asked.

"Did you get some fish?"

"You jerk!

Have you seen the fish living in a shoe?"

정신병동 · 2

어느 정신병원에 그 지역 국회의원이 방문을 하였다.

병원 관계자와 정신병자들이 모두 나와서 박수를 치며 환영하였다.

그런데 유독 한 남자만 멍청히 쳐다보며 시큰둥해 했다.

국회의원이 물었다.

"원장님! 저분은 왜 저러고 있지요?"

그러자 원장이 대답하였다.

"네, 저 사람은 오늘 아침에 제 정신이 돌아온 사람입니다."

 ## 精神病棟 · 2

ある精神病院にその地域の国会議員が訪問をした.

病院関係者と精神病者たちが皆出て拍手をしながら歓迎した. ところがただ一人の男だけぼんやりと眺めながらつまらなさそうにしていた.

国会議員が聞いた.

"院長! あの方はどうしてあんな風にしているんですか?"

すると院長が答えた.

"はい, あの人は今朝正気に戻った人です."

 ## Mental Hospital · 2

A congressman visited a mental hospital.

All staffs and patients came out and welcomed the congressman.

However, only one man stared at the congressman.

The congressman asked.

"Doctor! What's wrong with this man?"

The director answered.

"He got back to normal this morning."

 get back to : ~로 돌아가다

 ## 정신병동·3

정신병원을 방문한 사람이 원장에게 환자의 수용여부를 결정하는 기준이 뭐냐고 물었다.

"그거야 간단하지요. 먼저 욕조에 물을 가득 채워놓고 욕조를 비우도록 환자에게 차 숟가락과 찻잔과 양동이를 줍니다."

"알겠습니다. 그러니까 정상적인 사람이라면 숟가락보다 큰 양동이를 택하겠군요!"

그러자 원장이 말했다.

"아닙니다. 정상적인 사람 같으면 하수구의 마개를 뽑죠."

 ## 精神病棟·3

精神病院を訪問した人が院長に患者の収容可否を決める基準が何なのと聞いた。

"それは簡単ですね. まず浴槽に水をいっぱい満たしておいて浴槽を空にするように患者に茶さじと湯飲みとバケツを与えます."

"分かりました. だから正常な人ならさじより大きいバケツを選びますよね!" すると院長が言った.

"いいえ. 正常な人ならば下水溝の栓を抜きます."

 ## Mental Hospital · 3

A visitor at a mental hospital asked to the director how to decide the patient to be hospitalized.

"We fill the bath tub with water and ask the patient to empty the tub. We give a tea spoon, tea cup and a bucket."

"I see. Normal person takes a bucket instead of spoon."

Director answered.

"Not really. Normal person drains the tub."

 fill with water : 물로 채우다

 **정신병동·4**

간호사가 주사를 놓기 위해 병실에 들어가니 환자가 침대에 엎드려서 편지를 쓰고 있었다.

간호사 : 누구한테 편지를 쓰시는 거예요?

환자 : 응, 나한테.

간호사 : 뭐라고 쓰셨는데요?

환자 : 바보야! 그걸 어떻게 미리 알아? 받아봐야 알지!

 精神病棟·4

看護婦が注射を打つために病室に入ると患者がベッドに伏せて手紙を書いていた.

看護婦 : 誰に手紙を書いているんです?

患者 : うん，私に.

看護婦 : 何と書いたんです?

患者 : 馬鹿! それがどうして先に分かるの? 受け取ってみないと分からないでしょ!

Mental Hospital · 4

A nurse went into a patient room and found a patient was writing a letter.

Nurse : Whom are you writing a letter?

Patient : To me.

Nurse : What's on the letter?

Patient : Jerk! How do I know? I will find out when I receive the letter.

how do I know? : 어떻게 알아?

 ## 정신병동 · 5

맹구가 정신병원 앞을 지나는데 자동차 타이어가 펑크났다. 그 바람에 바퀴를 지탱해 주던 볼트가 풀어져 하수도 속으로 빠졌다.

맹구는 속수무책으로 어찌할 바를 모르고 발만 굴렀다. 그때 정신병원 담장 너머로 그 광경을 지켜보던 한 환자가 말했다. "여보세요! 그렇게 서있지만 말고 남은 세 바퀴에서 볼트를 하나씩 빼서 펑크난 바퀴에 끼우고 카센타로 가세요!" 맹구는 정말 굿 아이디어라고 생각하고 말했다. "고맙습니다. 정말 고맙습니다. 그런데 당신같은 분이 왜 정신병원에 있죠?"

그러자 그 환자가 말했다. "나는 미쳤기 땜에 여기 온 거지, 너처럼 멍청해서 온 게 아냐, 임마!"

精神病棟・5

メングが精神病院の前を通ると自動車のタイヤがパンクしてしまった.
その為タイヤを支えていたボルトがとれて下水道の中に落ちた.
メングはなすすべもなくどうしていいのか分からず地団駄を踏んだ.
その時精神病院の垣根の向こうでその光景を見ていたある患者が言った.
"ちょっと! そんなふうに立っていないで残りの三つのタイヤからボ
ルトを一つずつ抜いてパンクしたタイヤにはめてカーセンターに行き
なよ!" メングは本当にグッドアイディアと思って言った. "ありがとう,
本当にありがとうございます. ところであなたみたいな方がどうして
精神病院にいるんですか?"
するとその患者が言った. "私は気が狂ったためにここに来たんだ, お前
のように馬鹿で来たのではない, こいつ!"

 # Mental Hospital・5

Mangoo got a flat tire when he passed by a mental hospital.
The bolt was dropped in the gutter because of the flat tire.
Mangoo didn't know what to do.

At that time, a patient who looked the scene from the mental
hospital said,

"Hey, look! Why don't you take off one bolt from the other
three tires, and put into the flat tire, then go to the auto repair
shop."

Mangoo thought and said, 'Good idea!'.

"Thank you. Thank you very much. But, how come a man like you is at the mental hospital?"

Then, the patient said,

"I am here because I am crazy... I am not a moron like you, jerk!"

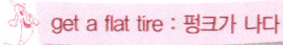
get a flat tire : 펑크가 나다

하나님 전 상서

우체국의 한 직원이 '하나님께' 라고 또박또박 씌여진 클린턴의 편지를 보고는 궁금해서 뜯어보았다. 그 내용은 이러했다.

"하나님, 저는 수십 년을 사는 동안 하나님에게 아무것도 바란 적이 없었는데 지금 10만 달러가 절실히 필요하답니다. 제발 제게 10만 달러를 보내주시면 안 되겠습니까?"

안타깝게 생각한 직원들은 돈을 모아 9만 달러를 보내주었다.

몇 주 후에 다시 '하나님께' 라고 적힌 편지가 도착했다. 그 편지에는 이렇게 적혀있었다.

"보내주신 돈은 잘 받았습니다. 정말 감사합니다. 그런데, 제가 9만 달러밖에 못 받았어요. 아마도 그 빌어먹을 우체국 놈들이 빼돌렸을 거예요. 나머지 만 달러를 다시 보내주시면 감사하겠습니다."

 ## 神様へのお手紙

郵便局のある職員が '神様へ' と一語一語きちんと書かれたクリントンの手紙を見て気になって開けてみた. その内容はこうだった.

"神様, 私は数十年間生きてきて神様に何も望んだことがなかったですが 今 10万ドルが切実に必要です. 是非私に 10万ドルを送っていただけないでしょうか?"

切なく思った職員たちはお金を集めて 9万ドルを送ってあげた.

何週間後に再び '神様へ' と書かれた手紙が到着した. その手紙にはこんなふうに書かれていた.

"送ってくださったお金はきちんと受け取りました. 本当にありがとうございます. ところが, 私は 9万ドルしか受けとっていません. たぶんそのくそたれ郵便局のやつらが引き抜いたんでしょう. 残り 1万ドルをまた送ってくだされればありがたいです."

A Letter to God

A postman found a letter from Clinton which was written 'Dear God', and opened it.

'Dear God,

I never asked you for years, but I need $100,000 desperately.

God, would you please send me $100,000?'

People at the post office gathered money and sent him $90,000.

Several weeks later, a letter arrived and was written 'Dear God'.

'Thanks for the money. I really appreciate.

However, I only received $90,000.

I guess damn postmen took it.'

욕만 먹었습니다

도둑을 신고하려고 경찰서에 전화를 했습니다.

그랬다가 욕만 먹었습니다.

내 마음을 훔쳐간 그 사람을 신고하려했는데 물적 증거가 없다고 욕만 먹었습니다.

불이 났다고 소방서에 전화를 했습니다.

그랬다가 욕만 먹었습니다.

사랑하는 마음에 불이 났다고 신고하려했는데 장난하냐고 욕만 먹었습니다.

심장이 터질 것 같다고 병원에 전화를 했습니다.

그랬다가 미쳤냐고 욕만 먹었습니다.

그대 사랑하는 마음이 터질 것 같아서 전화했는데 냉수마찰이나 하라며 욕만 먹었습니다.

은행에 전화를 했습니다.

그랬다가 정신병자라고 욕만 먹었습니다.

사랑하는 마음을 저축하고 이자를 키우고 싶다고 했더니 은행은 돈만 받는다고 욕만 먹었습니다.

 ## 悪口だけ言われました

泥棒されたと届けようと警察署に電話をしました。

そうしたら悪口だけ言われました。

私の心を盗んだその人を申告しょうと思ったが物的証拠がないと悪口

だけ言われました.

火事だと消防署に電話をしました.

そうしたら悪口だけ言われました.

愛する心に火がついたと届けようとしたらいたずらをするなと悪口だけ言われました.

心臓が裂けるようだと病院に電話をしました.

そうしたら気が狂ったかと悪口だけ言われました.

その時愛する心が張り裂けるようで電話したが冷水摩擦でもしなさいと悪口だけ言われました.

銀行に電話をしました.

そうしたら精神病者だと悪口だけ言われました.

愛する心を貯蓄して利子を育てたいと言ったら銀行はお金だけもらうと悪口だけ言われました.

 ## I Heard Bad Words

I called a police station to report a thief, but heard all the bad words.

I wanted to report the person who stole my heart...

The policeman told me that there wasn't evidence.

I called 911 to report a fire, and heard all the bad words.

There was a fire in loving heart.

The fire fighter said.

"Are you kidding?"

I called a hospital and told my heart was about to burst.

They said. "Are you crazy?"

My loving heart was about to burst and that's why I called.

They said. "Drink cold water to wake up!"

I called a bank and the banker told me I was crazy. I wanted to save loving heart and wanted to get interest. The banker told me that banks only took money.

 are you kidding? : 장난 하니? 누구 놀리니?

바람둥이 부부

바람둥이 아빠에게 대학생 딸이 있었다.

하루는 딸이 흥분한 표정으로 뛰어오며 아빠에게 말했다.

"아빠! 멋진 소식이 있어요. 오늘 제 애인 재석이가 청혼했어요!"

그러자 아빠가 낮은 목소리로 말했다.

"이건 비밀인데, 아빠가 네 엄마와 결혼하기 전에 재석이 엄마를 사귄 적이 있었다. 그러니까 재석이는 네 오빠야."

마음에 상처를 받은 딸은 한동안 남자친구를 사귀지 못했다.

얼마 후, 딸은 다시 환한 얼굴로 아빠에게 말했다.

"아빠! 새로 사귄 남자친구 호동이가 결혼하자고 했어요!"

아빠는 이번에도 고개를 가로저으며 말했다.

"안됐지만, 호동이도 너의 오빠란다."

몹시 화가 난 딸은 엄마에게 달려가 하소연했다.

"아빠는 내가 사귀는 남자마다 모두 이복 오빠래요. 어떻게 이럴 수 있어요?"

엄마는 딸을 진정시키며 말했다.

"얘야, 그 말에 너무 신경 쓰지 말아라. 그 사람은 너의 아빠가 아니란다."

 ## 浮気者の夫婦

浮気者の父に大学生の娘がいた.

ある日娘が興奮した表情で走って来て父に言った.

"お父さん！ 素敵なニュースがあります．今日私の恋人ジェソクから プロポーズされました！"
するとパパが低い声で言った．
"これは秘密なんだが，お父さんが君のお母さんと結婚する前にジェ ソクのお母さんと付き合ったことがあった．だから、ジェソクは君の お兄さんなんだ．"
心に傷を受けた娘はしばらくボーイフレンドと付き合うことができな かった．
数日後，娘はまた明るい顔で父に言った．
"お父さん！ 新たに付き合ったボーイフレンドのホドンから結婚しよう と言われました！"
父は今度も首を横に振りながら言った．
"だめだよ，ホドンもお前のお兄さんなんだ．"
大変頭に来た娘は母に駆けよって訴えた．
"お父さんは私が付き合う男ごとに皆 異母兄さんだと言う．どうして こんなことがありえるの？"
母は娘を落ち着かせながら言った．
"娘よ，その言葉あまり気にしないでね．その人はお前のお父さんで はないのよ．"

🎨 Flirting Couple

A playboy dad had a daughter who was in a college. One day, his daughter ran to him with excitement.

"Dad, I have a great news! My boyfriend Jaesuk proposed me!" He whispered his daughter.

"It's between you and I... I and Jsesuk's mother used to go out before I married your mom. Jaesuk is your brother."

The heartbroken daughter didn't go out for a while. A few months later, the daughter came with a big smile.

"Dad, my new boy friend Hodong proposed me!"

The dad shook his head and said.

"I am sorry. Hodong is also your brother."

The angry daughter went to her mom and said.

"Dad told me every men I go out are my half brothers. How come it happens?"

Her mother calmed down her and said.

"Don't worry. Your dad is not your real dad."

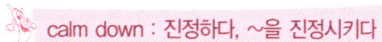

calm down : 진정하다, ~을 진정시키다

변호사의 허세

　젊은 변호사가 고급 사무실을 임대하고는 사람들에게 대단한 인상을 주기 위해 사치스럽고 호화스런 전화기를 구입했다. 그 전화기는 아직 가설되지 않은 채 책상 위에 놓여 있었다.

　첫 번째 의뢰인이 찾아왔다.

　변호사는 매우 바쁜 것처럼 그를 밖에서 15분쯤 기다리게 했다. 그리고는 그가 사무실로 들어서자, 수화기를 들고 통화하고 있는 것처럼 행동했다.

　"국장님, 그건 시간 낭비입니다. 아, 정 그러시다면 그렇게 하지요. 하지만 만 파운드 이하로는 안됩니다. 좋습니다. 그렇게 하도록 하죠. 안녕히 계십시오."

　변호사는 수화기를 내려놓으며 물었다.

　"무슨 일로 오셨습니까?"

　"저... 전화기 가설하러 왔는데요."

 ## 弁護士の見栄

若い弁護士が高級事務室を借りてから人々にりっぱな印象を与えるために、ぜいたくで豪華な電話機を購入した．その電話機はまだ架設されていないまま机の上に置かれていた．

一番目の依頼人が尋ねて来た．

弁護士は非常に忙しそうにみせるために彼を外で 15分程待たせた．

そして彼が事務室に入ると，受話器をあげて通話しているように見せた．

"局長，それは時間の無駄です．あ，事情がそうでしたら分かりました．しかし一万パウンド以下はだめです．いいでしょう、そうしましょう．では また."

弁護士は受話器を下ろしながら聞いた．

"何のご用でいらっしゃったんですか?"

"あの... 電話機の架設をしに来たんです."

 ## Attorney's Bluff

A young attorney rented a luxurious office and bought an expensive phone to impress others.

The phone sat on the desk even the line didn't work yet.

The first client came. The attorney asked the client to wait for 15 minutes. When the client entered the office, the attorney pretended to speak on the phone for impression.

"Director, that is waste of time. see...Then...I won't take lower than 10,000 pounds. I will take that... Take care."

The attorney hung up the phone. The client seemed embarrassed. The attorney asked. "What brings you here?"

"I came here to connect the phone."

 waste of time : 시간 낭비

what brings you here? : 무슨 일로 오셨습니까?

과부와 두 남자

클린턴과 부시가 시골에서 차를 타고 가다가 고장이 났다. 밤이 다 된 시간이라 둘은 한 저택의 문을 두드렸다. 그러자 문이 열리고 과부가 나왔다.

"자동차가 고장 났는데 오늘 하룻밤만 묵을 수 있을까요?"

과부는 허락했고, 두 남자는 다음날 아침 견인차를 불러 돌아갔다.

몇 달 후, 부시가 자신이 받은 편지를 들고 클린턴에게로 갔다.

"자네, 그날 밤 그 과부와 무슨 일 있었나?"

"응, 즐거운 시간을 보냈지."

"그럼 혹시 과부에게 내 이름을 사용했나?"

"어, 그랬지. 미안하네. 그런데 그걸 어떻게 알았지?"

"그 과부가 며칠 전에 죽었다고 편지가 왔는데, 나에게 50억 달러를 유산으로 남겨줬어."

未亡人と二人の男

クリントンとブッシュが田舎で車に乗っている途中故障した。夜になってしまったから二人はある邸宅の門をたたいた。するとドアがあいて未亡人が出てきた。

"自動車が故障してしまったので今日ひと晩だけ泊めてもらえますか?"

未亡人は承諾し、二人の男は翌日朝牽引車を呼んで帰って行った。

数ヵ月後、ブッシュが自分がもらった手紙を持ってクリントンのところに行った。

"お前，あの晩あの未亡人と何かあったか?"

"うん，楽しい時間を過ごしたよ."

"それじゃ，もしかしたら未亡人に私の名前を使ったか?"

"うん，そうだった. 悪かったな. ところでそれがどうして分かったのか?"

"その未亡人が数日前に死んだと手紙が来て，私に50億ウォンを遺産で残してくれたんだって."

Widow and Two Men

Clinton and Bush were driving a car at countryside. The car was broken. It was at night. Two men knocked a house. The door was opened and there was a widow standing.

"Our car is broken. Shall we stay over one night?"

The widow allowed. Two men called a tow car next morning and left.

A few months later, Bush received a letter and visited Clinton. "Did you do something with the widow that night?"

"Yeah, I had a great time with her."

"Did you give my name instead of yours?"

"How come did you find out?"

"I received a letter that she have passed away and left five billion dollars for me."

instead of : ～대신에 / find out : 알아내다

223

 ## 남는 장사

조니가 새 학교에 첫 등교한 날, 아버지는 담임선생에게 조니가 도박에 대한 승부욕이 심하니 주의하라고 귀뜀했다.

여선생은 그런 일이라면 많이 겪어봤으니 잘 다룰 수 있다고 걱정하지 말라고 했다.

학교가 끝날 무렵, 전화를 걸어온 아버지에게 여선생이 말했다.

"조니의 도박하는 버릇은 이제 끝장났지 싶습니다. 글쎄 저의 엉덩이에 사마귀가 있다고 우겨대면서 10달러를 걸겠다고 하기에 직원휴게실로 데리고 가서 사실이 아님을 확인시켜 주었습니다."

그러자 아버지가 말했다.

"젠장! 내가 당했군! 녀석이 오늘 안으로 선생님의 엉덩이를 홀랑 까보이게 하겠다면서 나에게 50달러를 걸게 하고 갔거든요!"

 ## もうかる商売

ゾウニが新しい学校に初登校した日, お父さんは担任の先生にゾウニがかけごとに対する勝負欲が強いから気を付けなさいと耳打ちした.
女の先生はそんな事ならたくさん経験してきて、よく処理することができるから心配するなと言った.
学校が終わる頃、電話をしたお父さんに女の先生が言った.
"ゾウニのギャンブルする癖に、もうけりをつけたいんです. そうですね、、、私の尻にカマキリがいると言い張り 10ドルを賭けると言い、やむを得ず職員休憩室に連れて行って事実かどうか見せてあげたんです!"

するとお父さんが言った.

"くそ! 惨敗だ! やつが今日中に先生の尻をすっかりさらし出させて見せると言いながら私に 50ドルを賭けさせて出かけだんですよ!"

 ## Good Deal

It was Johnnie's first day at school. His father told the teacher that Johnnie was an avid gambler and he might win lunch money from the other kids. The teacher assured the father that she had handled many such problems and was capable of taking care of the problem. "I think I may have cured Johnnie of his gambling habit," said the teacher when the father called shortly after lunch. "He insisted on betting me ten dollars that I had a mole on my rear and I finally agreed to the bet and took him to the teachers lounge to show him that I had no mole."

"Damn! He took fifty dollars from me saying that he was going to make the teacher half naked," the father said.

🐾 외판원과 할머니

진공청소기 외판원 은지원이 외딴 농가의 문을 두드리자 한 할머니가 문을 열어주었다.

은지원은 단도직입적으로 말했다.

"자! 지금부터 할머니께 평생 잊지 못할 놀라운 일을 보여 드리겠습니다."

그러더니 은지원은 허겁지겁 흙을 퍼와 방바닥에 좌악~뿌렸다.

"할머니 저랑 내기를 하죠. 제가 이 신제품 진공청소기로 이 흙들을 모두 빨아들이면 할머니가 청소기 한 대를 사시고, 만약 못 빨아들이면 제가 이 흙들을 모두 먹어버리겠습니다. 어때요?"

그러자 할머니가 안됐다는 듯이 은지원을 쳐다보다가 부엌으로 들어가서 커다란 숟가락을 하나 들고 나와 건네주며 말했다.

"안됐네, 젊은이!! 여기는 전기가 안 들어와."

セールスマンとお婆さん

バキュームクリーナーのセールスマン のウンジオンが人里離れた農家の門をたたくとお婆さんがドアを開けてくれた.

ウンジオンは単刀直入に言った.

"さあ! 今からお婆さんに一生忘れることができない驚くべき事をお見せ致します."

するとウンジオンはあたふたと土を持って来て部屋の床にぱっと振り撒いた.

"お婆さん私と賭をしましょう．私がこの新製品のバキュームクリーナーでこの土を全部吸いこめばお婆さんがバキュームクリーナー一台を買って，もし吸いこむ事ができなければ私がこの土を全部食べます．どうですか？"するとお婆さんが気の毒だと思いながらウンジオンを見つめながら台所に入って行って大きなスプーンを一つ持って来て渡しながら言った．

"気の毒だね，若者!! ここは電気が通ってないんだよ．"

 ## Salesman and an Old Lady

A vacuum cleaner salesman whose name was Eun Jiwon knocked a farmhouse door.

An old lady opened the door. Eun Jiwon told her directly.

"See, I will show you unbelievable performance."

He brought some soil and spread on the floor.

"Let's make a bet. If this vacuum machine clean all the soil, you will buy a vacuum cleaner. If not, I will eat all the soil. How's it?"

The old lady gave the salesman a pitying look and went to the kitchen. She came back with a big spoon and gave the salesman.

"Sorry, man. There's no electricity here. You can use this spoon."

make a bet : 내기 하다

pitying look : 동정하는 눈길

227

호텔의 계산법

어느 부부가 숙박료 80달러짜리 호텔에서 하룻밤을 묵었다. 아침이 되어 남자가 체크아웃하려고 하자 호텔 직원은 120달러짜리 청구서를 내밀었다.

"아니, 어째서 120달러입니까?"

호텔 직원이 친절하게 설명했다.

"이건 방값과 식대가 합쳐진 금액입니다."

"아니 식대라뇨? 우린 여기서 식사를 안 했는데……?"

"손님, 식사는 항상 준비되어 있는데 드시지 않은 것은 손님 책임이시죠."

그 말을 듣고 남자는 돈을 내며 말했다.

"알았소. 그럼 20달러만 받으슈! 당신이 내 마누라하고 놀아난 값이 100달러니까 그걸 제하면 20달러 맞잖아!"

호텔 직원이 깜짝 놀라며 말했다.

"손님, 제가 댁의 부인과 놀아나다니요? 저는 그런 사람이 아닙니다."

그러자 남자가 정색을 하며 말했다.

"내 마누라는 항상 준비가 되어 있는데 데리고 놀지 않은 것은 당신 책임이지 않소."

 ## ホテルの計算法

ある夫婦が宿泊料 80ドルのホテルで一晩を過ごした. 朝になって男が チェックアウトしようとするとホテル職員が 120ドル請求書を突き出

した.

"あれ，どうして 120 ドルですか?"

ホテル職員が親切に説明した.

"これは部屋代と食事代をあわせた金額です."

"いや 食事代? 私たちはここで食事をしなかったんだけど……?"

"お客さん，食事はいつも用意してあるのに召し上がらないのはお客さんの責任ですよ."

その言葉を聞いて男はお金を出しながら言った.

"わかりました. それじゃ 20 ドルだけ払います! あなたが私の妻と遊ぶ値段が 100 ドルだからそれを差し引けば 20 ドルじゃないの!"

ホテル職員がびっくりしながら言った.

"お客さん，私があなたの奥さんと遊ぶなんて? 私はそんな人ではないです."

すると男が開き直って言った

"私の妻はいつも用意ができているのに連れて遊ばないのはあなたの責任じゃないのか."

 ## Hotel's Math

A married couple checked in a hotel where costed $80 per night.

The next morning, the husband was at the front desk to pay the bill. A hotel clerk gave him the bill which was written $120.

"How come it is $120? It should be $80!"

The clerk explained.

"This bill is including room and meal."

"Meal? We didn't eat here."

"Sir, meal is always ready, but you didn't have. It's your responsibility."

The man handed money and said.

"I see. So, I will pay only $20. The price for having fun with my wife is $100. So I deducted $100. That means, I have to pay $20..."

The clerk was shocked and said.

"I am no the person who has fun with someone else's wife."

The man said firmly.

"My wife is always ready and it's your responsibility not to have fun with her."

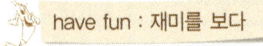 have fun : 재미를 보다

 ## 부부싸움

신혼부부가 소리를 지르며 싸움을 하고 있었다.

남편: 지난 번 결혼식 때 주례 선생님이 남편은 하늘이고, 아내는 땅이라고 했잖아, 잊어버렸어?

아내: 요즘은 땅 값이 하늘 위로 치솟는 것도 몰라?

 ## 夫婦喧嘩

新婚夫婦が大声を出しながら喧嘩をしていた.

夫: この前の結婚式の時司式者が夫は空で, 妻は地だと言ったじゃないか, 忘れたの?

妻: このごろは土地の値段が空の上に向かってつき上がったことも知らないの?

 ## Husband-and-Wife Fight

A newly married couple had a fight.

The angry husband screamed to his wife.

"When we were married, the officiant told that 'Husband is the sky and wife is the land'. Don't you remember?"

The wife screamed back right away.

"Don't you know how high is the price of the land recently?"

어떤 대화

젊은 두 여자가 얘기를 하고 있었다.

A: 요즘 피임 때문에 너무 신경이 쓰여.

B: 너네 남편 얼마 전에 정관수술했다고 했잖아!

A: 얘는... 그러니까 그렇지!!!!

 ## ある対話

若い二人の女が話をしていた.

A: このごろ避妊のために気を使うわ.

B: あなたのご主人この前 精管手術したと言ったじゃないの!

A: この子は... だからそうなのよ!!!!

 ## Conversation

Two young women had a conversation.

A : I am nervous about birth control lately.

B : You told me your husband had vasectomy.

A : That's why I have to be very careful.

점괘

외출했다 돌아온 미선이가 넘 즐거워하며 남편에게 이야기했다.

"여보, 나 오늘 점쟁이한테 갔다 왔는데 내가 돈 많은 회사 사장 부인이 된다네."

남편: 뭐야? 그럼 내가 사장이 된다고?

미선: 그게 아니라 전 남편은 곧 죽을 거라는데……?

 ## 占い

外出して帰って来たミソンがすごくうれしそうに夫に話した.

"あなた, 私今日易者に見てもらいに行って来たら私が大金持ちの会社の社長夫人になるんですってよ."

夫: なんだ? それじゃ俺が社長になるのか?

ミソン: そうじゃなくて今の夫はすぐ死ぬんだというのよ……?

 ## Fortune

Misun was happily talking at home after she went out.

"Honey, I went to a fortune teller today and he said I will be the wife of the president."

Husband : "You mean I will be a president?"

Misun : "No, he said the current husband is going to be dead soon."

재치 만점

　대학교 축제날 한 동아리에서 기금 마련을 위해 주점을 차렸다.

　술안주로 준비한 부추부침개 맛이 환상적이라는 소문이 퍼지면서 주점은 손님들로 가득 찼다. 그런데　얼마 지나지 않아 재료인 부추가 떨어지고 말았다. 시장에 가서 사오기에는 시간이 너무 오래 걸렸다.

　학생들은 고민 끝에 교내 곳곳에 무성하게 자란 잔디를 베어다가 부침개를 부치기 시작했다. 아무도 눈치채지 못했는지, 요리 솜씨가 좋아서 그랬는지 아무튼 불티나게 팔렸다. 그런데 한 손님이 큰 소리로 말했다.

　"이봐요! 여기서 네잎 클로버가 나왔어요!"

　순간 동아리 학생들은 어떻게 대처해야 할지 당황했다.

　그러나 곧 재치있게 대답하는 학생이 있었다.

　"네, 축하드립니다! 행운에 당첨되셨군요. 그분께 부침개 4장 보너스요!"

 ## 才覚満点

大学祭の日あるサークルで基金準備のために飲み屋を開いた.
おつまみで準備したにらチヂミの味が幻想的といううわさが広がり
飲み屋はお客さんたちでいっぱいになった.　ところで少しして材料であるにらがきれてしまった.　市場へ行って買って来るには時間が長くかかる.
学生たちは悩んだあげく校内のあちこちによく茂った芝を切って来て

チヂミを焼き始めた．誰も気づかなかったのか，料理の腕前が良くてそうだったのかとにかく飛ぶように売れた．ところがあるお客さんが大きい声で言った．

"おい、みてみろ! ここから四葉のクローバが出てきたぞ!"
瞬間サークル学生たちはどうやって対処するか慌てた．
しかしすぐに機転をきかして答えた学生がいた．

"はい，おめでとうございます! 幸運が当たりました．その方にチヂミ4枚ボーナスです!"

 ## Great Sense

There was a festival at a college and one of clubs opened one-day pub at the campus. They made great leek pancakes and it spread all over the campus. There were full of people at the pub.

A while later, it was out of leek. It took too long to go to buy leek. They decided to put grass from campus lawn instead of leek. No one noticed they were served grass pancakes and everybody ordered the pancake.

Suddenly, a student screamed.

"Hey! I found a four-leaf clover in my pancake!"

The club students didn't know what to say. However, one clever student answered.

"Congratulations! You are selected! For four pancakes!"

a four-leaf clover : 네잎 클로버

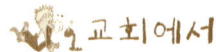 교회에서

목사님: 여러분 천국에 가고 싶은 사람 손들어요.

그러자 모두 손을 들었는데 한 아이가 손을 들지 않았다.

목사님: 얘, 너는 천국에 가고 싶지 않니?

아이: 아니요. 그게 아니라 엄마가 예배 끝나면 바로 집으로 오라고 했거든요.

 教会で

牧師: 皆さん天国へ行きたい人、手をあげてください.

すると皆手をあげたが一人の子供が手をあげなかった.

牧師: ねえ, あなたは天国へ行きたくないの?

子供: いいえ. そうではなくママが礼拝が終ったらすぐ家に帰って来なさいと言ったんです.

🐷 At the Church

Pastor : Raise your hand if you want to go to heaven.

Everybody rose their hands, but one boy didn't.

Pastor : Don't you want to go to heaven?

Boy : Yes, I do. But my mom asked me to come home right after the service.

 **약속**

    다나까와 오께다는 한 회사에 근무하는 동료였다. 그런데 노총각인 다나까가 오께다의 부인의 아름다운 미모에 몸이 달아 친구 몰래 온갖 방법으로 유혹했으나 절개가 굳은 그녀의 마음을 움직일 수가 없었다. 그러자 그는 돈 100만 엔을 주겠다고 마지막 카드를 제시했다. 한국의 춘향이 같은 절개를 지니고 있던 부인도 그만 돈 앞에서는 먹혀드는 불행한 사건이 일어나고 말았다.

    "내일 우리 그이가 출장을 가니까 그때 오세요."

    그런데 다나까는 돈 100만 엔을 도저히 구할 길이 막막해지자 출장을 떠나는 오께다를 찾아가 말했다.

    "몇 시간 후에 자네 부인에게 꼭 갖다 줄 테니 돈 100만 엔을 좀 빌려주게. 친구 좋은 게 뭔가?"

    출장에서 돌아온 오께다가 아내에게 물었다.

    "오늘 다나까 왔다 갔지?"

    깜짝 놀란 아내가 떨리는 목소리로 말했다.

    "네..에.."

    "돈 100만 엔 가지고 왔던가?"

    고개를 떨어뜨린 아내가 나지막이 말했다.

    "네..에.."

    오께다는 기분이 좋아져 웃으며 말했다.

    "짜식!! 약속 하나는 확실하다니까!"

 ## 約束

田中と岡田はある会社に勤める同僚だった. ところで独身である田中が
岡田の奥さんの美しい美貌にやっきになって友達に知られないように
あらゆる方法で誘惑をしても貞操が固い彼女の心を動かすことができ
なかった. すると彼はお金 100万円をあげるという最後のカードを提示し
た. 韓国の春香と同じ貞操を持っていた奥さんもついにお金の前では餌食
になる不幸な事件が起こってしまった.

"明日うちの夫が出張に行くからその時来てください."
ところが田中はお金100万円を到底手に入れる道が漠然とすると出張に行
く岡田を訪ねて言った.
"何時間後にお前の奥さんに必ず持っていくからお金 100万円をちょっ
と貸してくれ. 友達じゃないか?"
出張から帰って来た岡田が妻に聞いた.
"今日田中が来ただろう?"
びっくりした妻が震える声で言った.
"はい..え、え.."
"お金 100万円持って来たのか?"
うなだれた妻が低めに言った.
"はい..え、え.."
岡田は気分よく笑いながら言った.
"あいつ!! 約束一つは確かだからな!"

 # Promise

Danakawa and Okeda were co-workers at the same company. Danakawa was single and loved Okeda's beautiful wife. Danakawa tried seduce Okeda's wife, but she never moved. For the last, he offered her 1,000,000 yen and she accepted.

"My husband goes to a business trip tomorrow morning. You can come tomorrow."

Danakawa didn't know how to get 10,000,000 yen.

In the morning, he went to Okeda and asked him.

"Would you lend me 1,000,000 yen? I will pay back to your wife in a few hours later. Please, what are friends for!"

When Okeda came back from the business trip, he asked his wife,

"Danakawa came here today, right?"

She was shocked and answered with shaky voice. "Yes..."

"He brought you 10,000,000yen, right?"

She answered. "Yes..."

Okeda had a big smile and said, "What a guy... He always keeps his promise!"

 keep one's promise : 약속을 지키다

새치기 하지 말고 줄 서! 임마!

　고바야시가 평소 끼가 많은 아내의 바람피는 현장을 잡기 위해 거짓말로 출장을 간다고 하고 집 부근에서 잠복을 했다.

　그 날 밤, 외간 남자가 자기 집 안으로 들어가는 것을 확인하고 현관문을 열려는 순간 또 다른 남자가 고바야시의 어깨를 툭 치면서 화를 냈다.

　"야 임마, 새치기 말고 줄 서!"

 割り込みしないで 並べ! こいつ!

　小林が日頃, 浮気ものの妻が浮気をしている現場を捕まえる為に嘘で出張に行くと言って家の付近で張りこみをした.
　その晩。知らない男が自分の家の中に入って行くのを確認してから玄関のドアを開けようとした瞬間また他の男が小林の肩をぽんと叩きながら怒った.
　"この野朗, 割り込みしないで 並べ!"

Line up!

　Gobayashi lied to his unfaithful wife that he was going to business trip. In fact, he was hiding near by his own house.

　That night, a stranger went into his house and Gobayashi opened the door.

A guy came and said.

"Hey, line up!"

line up : 줄 서다

엄마가 없는 이유

한 남자아이가 아빠랑 둘이 살고 있었다. 아이는 엄마가 없는 것이
슬퍼서 아빠에게 물었다.

"아빠! 왜 나는 엄마가 없어?"

그러자 아빠는 눈을 지그시 감으며 말했다.

"네가 아주 어렸을 때 많이 아팠던 적이 있었단다. 그 때 네 엄마가
의사 선생님을 모시러 갔었지. 그리고는 아직까지 의사 선생님을 모시
고 있단다."

 ## ママがいない理由

男の子がパパとふたりで暮していた．子供はママのいないことが悲し
くてパパに聞いた．

"パパ！どうして僕にはママがいないの？"

するとパパは静かに目をつぶりながら言った．

"君がとても小さい頃病気になった時があったんだ．その時君のママが
医者を連れに行ったんだ．それからはいまだにお医者さんと一緒に
いるんだ．"

 ## Why I Don't Have a Mom

A boy was living with his daddy. The boy was sad because he
didn't have a mom.

One day, he asked his daddy.

"Why I don't have mommy?"

His daddy closed his eyes.

"You were sick when you were very little. Your mom went to a hospital to call a doctor. And she hasn't come back home yet. She's still at doctor's house."

아르바이트생 모집광고

10만 원짜리: 동물원에서 코끼리 잠들 잘 때까지 업어주기.

20만 원짜리: 개미 깨끗하게 목욕 시켜주기.

30만 원짜리: 인천 공항에서 비행기 뜰 때까지 밀어주기.

40만 원짜리: 시영아파트 바퀴벌레 똥 치우기.

50만 원짜리: 모기 모이 주기. (단, 6월부터 9월까지)

 ## バイト募集広告

10万ウォンもの: 動物園で象が眠るまでおんぶしている.

20万ウォンもの: 蟻をきれいにお風呂に入れる.

30万ウォンもの: 仁川空港で飛行機を飛ぶ直前まで押す.

40万ウォンもの: 市営マンションのごきぶりの糞を片付ける.

50万ウォンもの: 蚊に餌をあげる. (ただし, 6月から 9月まで)

Ad for Part-Time Job

W100,000 : You give a piggyback to elephants until they fall asleep at zoo.

W200,000 : You bathe ants very cleanly.

W300,000 : Push planes at the airport until their departure.

W400,000 : Clean roaches' shit at municipal apartment.

W500,000 : Feed mosquitoes. Only from June to September.

 give person a piggyback : 업다

 ## 부창부수

미선이와 봉원이가 외식을 하려고 집밖에 나왔는데 미선이가 봉원에게 말했다.

"이를 어쩌죠? 다리미 코드를 빼지 않고 그냥 나왔어요."

"그래? 잘됐네. 나는 면도하다가 수도꼭지를 안 잠그고 왔으니까 아마 불 날 일은 없을 거야."

夫唱婦隨

ミソニとボンオンが外食をしようと家を出たがミソ二がボンオンに言った.

"あら どうしょう? アイロンのコードを抜かないでそのまま出てきちゃった."

"そう? よっかたね. 僕はひげそりをして蛇口を締めないで来たから多分火事が起こる事はないだろう."

Like Husband, Like Wife

A couple whose names were Misun and Bongwon was going out to eat and left the house.

Misun said.

"Oh, my! I left home without unplugged the iron."

Bongwon replied,

"Don't worry. When I shaved, I forgot to close the water.
It won't get a fire."

 like husband, like wife : 부창부수

close the water : 물을 잠금다

남편이 불쌍할 때

남편을 독살한 아내를 검사가 심문하고 있었다.

"남편이 독이 든 커피를 마실 때 양심의 가책을 조금도 못 느꼈나요?"

"조금 불쌍하다고 생각한 적도 있었죠."

"그때가 언제였죠?"

"커피가 맛있다며 한 잔 더 달라고 했을 때요."

ご主人が可哀想な時

ご主人を毒殺した妻を検事が審問していた.

"ご主人が毒が入ったコーヒーを飲む時良心の呵責を少しも感じる事はなかったですか?"

"少しかわいそうだと思ったこともあったんです."

"それはどんな時でしたか?"

"コーヒーがおいしいともう一杯くれと言った時です."

When Husband Seems Pitiful

A prosecutor was interrogating a wife who killed the husband by poisoning.

"Didn't you feel guilty when your husband drank poisoned coffee?"

"A little bit."

"When was it?"

"When he asked more coffee."

 feel guilty : 미안하게 생각하다. 죄책감을 느끼다

 장외 출산

재클린이 너무 급한 나머지 아기를 엘리베이터 안에서 낳았다.

재클린이 창피하다고 막 울자 간호사가 위로해주었다.

"아줌마! 너무 슬퍼하지 마세요. 몇 년 전에는 저희 산부인과 잔디밭에서 아기를 난 사람도 있었는데요, 뭐!"

그러자 재클린은 더 슬피 울며 말했다.

"간호사 아가씨, 그때 그 사람이 나였단 말이에요!"

 場外出産

ジャクリーンがとても急いだあげく赤んぼうをエレベーターの中で生んだ.

ジャクリーンが恥ずかしいとワーワー泣くと看護婦が慰めてくれた.

"おばさん! あまり悲しまないでください. 何年か前には当産婦人科の芝生で赤んぼうを生んだ人もいたんですよ まったくもう!"

するとジャクリーンはもっと悲しく泣きながら言った.

"看護婦さん, あの時の産婦も私でした!"

 Where to Deliver a Baby?

Jacqueline gave birth in the elevator.

She was very embarrassed and cried.

The nurse comforted her.

"Don't be so sad. There was a woman who had a baby at front lawn of this clinic several years ago."

Jacqueline cried more and more.

"What's wrong?"

"It was me who had a baby at the lawn."

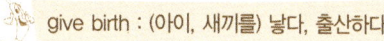 give birth : (아이, 새끼를) 낳다, 출산하다

 ## 사과문

정치인들의 행태에 격분한 한 신문이 〈정치인들의 절반은 협잡배들〉 이라는 제목으로 강도 높게 비판하는 사설을 실었다. 그랬더니 꽤나 저명한 정치인들이 노발대발하며 문제의 사설을 취소하라고 무섭게 압력을 가해왔다.

이 신문은 갈수록 더해지는 압력에 못 이겨 급기야 다음과 같은 사과문을 게재했다.

〈정치인들의 절반은 협잡배가 아니다!〉

謝罪文

政治家たちの行動に激怒したある新聞社が〈政治家たちの半分は詐欺師〉というタイトルで度強く批判する社説を載せた. するとかなり著名な政治家たちが怒り狂って問題の社説を取り消しなさいと恐ろしく圧力を加えて来た.
この新聞社はますます加わる圧力に負けてとうとう次のような謝罪文を載せた.
〈政治家たちの半分は詐欺師ではない!〉

An Apology

A newspaper company put an editorial after politicians' awkward behavior. The subject of the editorial was "Half of politicians are frauds."

Many famous politicians got very angry and forced to cancel the editorial.

The newspaper company hung on there for a while and finally put an apology.

"Half of politicians are not frauds."

 ## 숙제를 안 해온 이유

선생님 : 숙제 안 해온 사람 이리 나왓!

그러자 종민이가 머리를 긁적이며 앞으로 나왔다.

선생님 : 이녀석아! 왜 숙제를 안 해왔어?

종민 : 어제 어머니가 편찮으셔서 못 했어요.

선생님 : 그래? 엄마 간호해 드리느라고 못했구나?

종민 : 아뇨. 엄마가 아프시기 전에는 늘 엄마가 해주셨거든요.

宿題をして来なかった理由

先生: 宿題して来なかった人はこちらに出て来なさい!

するとジョンミンが頭を掻きながら前に出た.

先生: こいつ! どうして宿題をして来なかったんだ?

ジョンミン: 昨日お母さんが病気でできなかったんです.

先生: そう? お母さんを看病したためにできなかったのか?

ジョンミン: いいえ. 母が病気の前はいつも母がしてくれていたんですよ.

Why Jongmin Didn't Do His Homework

A teacher was checking homework.

Teacher : Come here who didn't do homework.

Jongmin came with odd look.

Teacher : Why didn't you do your homework?

Jongmin : My mom was sick yesterday.

Teacher : I see, you took care of your mom.

Jongmin : No, my mom did my homework until she got sick.

 take care of : ~을 돌보다, 뒷바라지하다

get sick : 병에 걸리다

 깜찍한 유치원생

교사 : 여러분 10년 전에는 없었는데 지금은 있는 것은 무엇일까요 ?

유치원생 : 저요.

교사 : 그래, 말해보렴.

유치원생 : 그게 바로 저라니까요!

めちゃ可愛い幼稚園生

教師 ： 皆さん 10年前にはなかったが今はあるものは何でしょうか?

幼稚園生 ： はい.

教師 ： そう, 言ってごらん.

幼稚園生 ： それはまさに僕です!

Cute Kindergartener

Teacher : Tell me something which was not here 10 years ago,
but is here today.

Kindergartener : Me!

Teacher : Tell me.

Kindergartener : I told you. It's me!

국회의원이 네 번 놀라는 까닭

국회의원에 당선된 사람은 겉으로는 기뻐하지만 속으로는 네 번 놀란다. 첫 번째는 나같은 형편없는 놈이 당선됐다는 사실에. 두 번째는 모든 국회의원들이 나같이 형편없다는 사실에. 세 번째는 이같이 형편없는 놈들이 국회의원을 하는데도 나라가 돌아간다는 사실에. 네 번째는 그래도 다음에 또 국회의원이 된다는 사실에.

 ## 国会議員が四回驚くわけ

国会議員に当選した人は表では喜ぶが心の中では四回驚く.
一回目は私のようなむちゃくちゃな奴が当選したという事実に.
二回目はすべての国会議員たちが私のようにむちゃくちゃだという
事実に.
三回目はこのようにむちゃくちゃなやつらか国会議員をしても国が成
り立つという事実に.
四回目はそれでも次にまた国会議員になれるという事実に.

 ## Why Congressman Surprise Four Times

When a person elected as a congressman, he seemed very happy but surprised 4 times. First, surprised that he became a congressman because he was a jerk. Second, surprised that all congressmen were jerk. Third, surprised that all the jerks were

congressmen but country went OK. Fourth, surprised that he re-
elected as a congressman.

 ## 앗차! 실수

자가용 운전기사가 주인집에 들어갔다. 방에는 아무도 없고 욕실에서
목욕하는 듯한 물소리만 들렸다.

기사가 소리쳤다.

"어이, 구석구석 깨끗이 닦어~~."

순간 욕실 안에서 화가 잔뜩 난 주인의 목소리가 들려왔다.

"아니 자네 미쳤나? 그게 무슨 말버릇인가?"

그러자 기사는 당황하여 대답했다.

"아이고 죄송합니다. 전~~ 사모님인 줄 알았습니다."

 ## あらっ! 失敗

おかかえ運転手が社長の家に入って行った.
部屋には誰もいなくてふろ場で風呂に入る水音だけ聞こえた.
運転手が叫んだ.
"おーい, 隅々まできれいに洗え."
瞬間ふろ場の中から怒った社長の声が聞こえた.
"お前気でも狂ったのか? なんだその言い方は?"
すると運転手は慌てて答えた.
"ひゃあ 申し訳ありません. 私は 奥様だと思いました."

My Mistake

The driver went to owner's house.

There was no one in the room, but was sound from the bathroom.

The driver knocked the door and screamed.

"Hey, wash well."

He heard angry owner's voice.

"Are you crazy? How dare you are..."

The driver was embarrassed and answered.

"I thought your wife is in the bathroom."

 how dare : 감히 ~하다니

추장의 고민

아프리카 식인종 마을에 아주 예쁜 백인 처녀가 한 명 잡혀왔다.

추장은 그냥 식용으로 쓰기엔 아깝다는 생각이 들어 물었다.

"나한테 시집와서 편히 살겠냐? 아니면 그냥 오늘 식탁에 오르겠느냐?"

그러자 여자가 대답했다.

"좋아요. 시집갈께요. 그런데 저하고 결혼을 하려면 세 가지 조건이 있어요."

"그래 뭔지 말해 보아라."

"첫째 18캐럿짜리 다이아 반지를 선물로 주세요."

"야, 가서 18캐럿짜리 다이야 반지 가지고 와!"

말하자마자 부하들이 즉각 반지를 가지고 왔다.

"두 번째는요, 멋진 별장이 있어야 해요."

그러자 해변가에 멋진 별장이 순식간에 지어졌다.

"마지막으로 거시기가 30cm는 되어야 하거든요."

추장은 갑자기 머리를 싸매고 고민을 하더니 이윽고 어렵게 결단을 내렸다.

"야! 할 수 없다. 20cm 잘라라!"

 ## 酋長の悩み

アフリカの人食い人種の村にとてもきれいな白人娘が一人つかまって来た。

酋長はそのまま食用で使うには惜しいという気がして聞いた.

"私のところに嫁に来て楽に暮すか? ではなければそのまま今日食卓に上がるのか?"

すると女が答えた.

"良いです. お嫁に行きますよ. ところで私と結婚をするためには三つの条件があります."

"そう何でも言って見なさい."

"一番目は 18カラットのダイアモンドの指輪を贈り物でください."

"やあ, 行って 18カラットのダイアモンドの指輪を持って来い! 来い!"
言うやいなや部下たちが直ちに指輪を持って来た.

"二番目は, 素敵な別荘がなければなりません."
すると浜辺に素敵な別荘があっという間に建てられた.

"最後のはあれが 30cmはなければならないんですよ."
酋長は急に頭をかかえて悩んでからやがて難しい決断を下した.

"あ! 仕方がない. 20cm 切りなさい!"

Agony of Chief

A beautiful white woman captured at an African man-eaters village. The chief thought she was too beautiful to eat. The chief asked.

"You have two choices. Whether you marry me happily or you will become dinner for tonight."

She didn't know what to decide. However, she thought that it would be better to get married than be killed. She had a great idea.

"You have to fulfill three conditions to marry me, chief."

The chief answered. "Whatever you say."

"You will have to give me 18-carat diamond ring for a wedding gift."

The chief ordered. "Bring an 18-carat diamond ring."

The secretary brought the ring right away.

The woman said. "You have to give me a wonderful beach house."

Workers built a wonderful beach house right away.

"For the last, your penis must be 30cm long to marry me."

The chief seemed be very troubled.

The woman asked. "You can't make my last wish happens?"

The chief called his secretary. "There's no choice. Cut 20cm of my penis!"

똑똑한 사윗감

딸과 결혼하겠다는 사윗감을 테스트하기 위해 장인 될 어른이 물었다. "만약 내가 우리 딸을 준다면 그 대가로 자네는 나에게 무엇을 주겠나?"

그러자 사위 지망생이 말했다.

"영수증을 써 드리겠습니다."

 ## 利口な婿候補

娘と結婚するという婿候補をテストするために娘の父が聞いた.

"もし私が娘をあげたらその代価でお前は私に何をくれるのか?"

すると婿志望者が言った.

"領収証を書いて差し上げます."

 ## Smart Son-in-Law to Be

A father asked the guy who wanted to get married to his daughter.

"What are you going to give me if I allow you to marry my daughter?"

Son-in-law to be answered.

"I will give you the receipt."

 ## 집안 도둑

출근준비를 하던 남편이 아내에게 말했다.

"여보, 간밤에 도둑이 들었었나 보구려."

아내는 깜짝 놀라서 물었다.

"어째서요?"

"내 호주머니 돈이 몽땅 없어졌으니 말이오."

"그렇다면 당신이 용감하게 도둑에게 총을 쐈다면 지금 그 돈은 그대로 있을 것 아니에요?"

"그랬겠지… 하지만 그랬더라면 난 지금쯤 홀아비가 됐을 걸…?"

 ## 家の中の泥棒

出勤準備をした夫が妻に言った.

" 昨夜泥棒に入られたようだ."

妻はびっくりして聞いた.

"どうしてですか?"

"私のポケットのお金が全部消えてしまったからだ."

"それならあなたが勇ましく泥棒をピストルでうっていたら 今そのお金はそのままあるじゃないですか?"

"そうだな… しかしそうしたなら私は今頃男やもめに なっていたかも…?"

 # Thief

A husband asked his wife in the morning.

"I think we had a visit from thief last night."

The wife was shocked and asked,

"How come?"

"Because money in my pocket has gone."

"If you had shot the thief, you still have your money."

"Might be... However, I would be a widower now."

 how come? : 왜?, 어째서 ?

노처녀 사냥 솜씨

아프리카 마사이족 마을에 용감한 노처녀가 살고 있었다.

어느 날, 혼자 사냥을 나가 숲속 나무 뒤에 숨어 있었다. 그때 마침 숫사자 한 마리가 나타났다. 즉각 정조준하여 탕!

총알은 사자 다리 사이로 지나갔다. 성이 잔뜩 난 사자는 곧 그녀를 덮쳤다.

"요즘 그렇잖아도 암사자가 없어서 열을 많이 받고 있는데 너, 한번 당할래? 먹힐래?"

죽을 수 없다고 생각한 그녀,

"당할래요."

순간, 무지막지하게 당한 그녀는 정신을 차려 이번엔 꼭 죽이겠다고 결심하고 다시 조준하여 탕!

이번에도 총알이 빗나갔고, 사자는 또 열 받아서 달려 왔다.

"또, 너냐~ ? 당할래? 먹힐래?"

청춘이 아깝다고 생각한 그녀,

"당할래요."

그래서 이번에도 초죽음이 되도록 당했다.

처녀는 너무도 억울해서 죽기 아니면 살기라며 다시 정조준하여 탕!

탄알은 또 허공으로 날아갔고, 사자가 다시 어슬렁 어슬렁 와서 하는 말.

"야~!! 너, 사냥하러 온 거 아니지?"

オールドミスの狩りの腕前

アフリカマサイ族村に勇敢なオールドミスが住んでいた.

ある日，一人で狩りに出て林の中の木の後に隠れていた. その時ちょうど雄ライオン一匹が現われた. 即時に ダン！

銃弾はライオンの足の間を通り過ぎた. 怒り狂ったライオンが即座に彼女を押さえ付けた.

"このごろそれでなくても雌ライオンがいなくてカッカと頭にきているのにお前，一度襲われるか？ 食われるか？"

死にたくないと思った彼女.

"襲ってみろ". と

瞬間, とても乱暴を受けた彼女は我に返って今度は必ず殺すと決心してまた目標を定めてダン！

今度も銃弾は外れた, ライオンは また頭に来て駆けて来た.

"また，お前か？ 襲われるか？ 食われるか？"

青春が惜しいと思った彼女,

" 襲われます."

それで今度も半死になるような目にあった.

娘はあまりにも悔しくてたまらなくて一息に殺気を持って ダン！

銃弾はまた空中に飛んで行った, ライオンがまたのそりのそり来て言う言葉.

"お前，狩りに来たのではないだろう？"

Hunting Skill of Old Miss

There was a brave woman at a Masai village in Africa. She was a single and hunted lions for a living.

One day, she went hunting by herself and hid behind a tree.

One male lion came.

She shot right away and the bullet went through between lion's legs.

The lion was pissed off and attacked her.

"I've been pissed off lately without female lion.

You want to be raped or eaten?"

She didn't want to die and answered.

"Rape..."

After she was attacked, she shot the lion again.

"Bang"

This time was same as the first time. The lion got pissed off and ran into her.

"You again? What do you want this time?"

She thought she was too young to be dead and chose 'rape' again.

She was half dead after the attack.

She thought it would be life or death. She shot the lion again.

"Bang"

The bullet flew away like the other two times.

The lion came and said.

"You again... You didn't come here for hunting?"

for a living : 생계를 위해

be pissed off : 분노가 폭발하다

생산 경쟁

늙은 부자 농부가 가족 만찬자리에서 건장한 아들 여섯을 둘러보며 말했다.

"손자가 하나도 없어 허전하구나. 너희들 중에서 제일 먼저 손자를 낳아주는 녀석에게 10억을 주겠다. 자! 기도드리자."

기도를 끝내고 나니 식탁에는 두 늙은이뿐이었다.

 ## 生産競爭

老いた金持ちの農夫が家族の晩餐席で壮健な息子六人を見回しながら言った.

"孫が一人もいなくて寂しいね. 君たちの中で一番先に孫を生んでくれる者に 10億をあげる. さあ! お祈りしよう."

祈祷を終えると食卓には二人の年寄りだけだった.

Competitive Production

An old man who had a lot of land having Sunday dinner with six grown-up sons.

"I don't see any grandsons. Anyone who gives me the first grandson will get awarded W100,000,000. Let's pray."

After the prayer, no one but his wife was there.

택시기사와 부녀

비가 오는 늦은 밤, 한 택시기사가 젊은 여자 손님을 태우게 됐다.

잠시 후 여자의 집에 도착하자 여자는 돈이 없으니 집에 가서 가져오겠다고 하고선 들어갔다.

그런데 한참을 기다려도 그 여자가 나오지 않자 화가 난 택시기사는 그 집 문을 두드렸다.

그러자 안에서 중년남자가 나왔고, 택시기사는 자초지종을 얘기하며 택시비를 달라고 했다.

남자는 깜짝 놀라며 지갑 속의 사진 한 장을 보여주며 물었다.

"혹시 이 아이였나요?"

택시기사는 그렇다고 했다.

이 대답을 듣자마자 남자는 대성통곡을 하며 말했다.

"아이고, 얘야, 오늘이 네 제삿날인 줄 알고 왔었구나! 애고! 애고!"

순간 등골이 오싹해진 택시기사는 택시비고 뭐고 그냥 도망가버렸다.

잠시 후, 그 집에서는 이런 얘기가 흘러나왔다.

"아빠, 나 잘했지?"

"오냐, 그런데 다음부터는 이왕이면 모범택시를 타도록 해라."

タクシー運転手と父と娘

雨が降る遅い夜, 一人のタクシー運転手が若い女のお客さんを乗せた.
しばらくしてから, 女の家に到着すると女はお金がないから家に行って持って来ると言って入って行った.
ところがずいぶん長い間待ってもその女が出て来ないので頭に来たタクシー運転手はその家の門をたたいた.
すると中から中年の男が出てきた, タクシー運転手は一部始終を話してタクシー代をくれと言った.
男はびっくりして財布の中の写真一枚を見せながら聞いた.
"もしかしたらこの子でしたか?"
タクシー運転手はそうだと言った.
その返事を聞くやいなや男は大声で泣き叫びながら言った.
"ああ, 娘よ, 今日がおまえの忌日だと知って来たのか! お~い お~い."
瞬間背筋がぞっとしたタクシー運転手はタクシー代も何もそのまま逃げだしてしまった.
しばらくして, その家からこんな話が流れて来た.
"お父さん, 私上手だったでしょ?"
"うん, ところで次からはどうせやるなら模範タクシーに乗るようにしなさい."

Taxi Driver, Father and Daughter

One rainy night, a young woman got into the taxi. The young woman was very pale and looked absent-minded. The taxi driver didn't pay much attention to her and kept driving. When they arrived at her house, she told she didn't have any money. She went into the house to get money, but didn't come back. The taxi driver got angry and knocked the door. A middle-aged man came out and the taxi driver explained the situation.

The man seemed shocked. He took a picture out from his wallet and showed the picture to the taxi driver.

"Is she you talk about?"

The taxi driver nodded. The middle-aged man cried so hard.

"Sweetie, you know it's your death anniversary today! That's why you came..."

The taxi driver felt chill on his back. He left the house in hurry without receiving the taxi fare.

There was some sounds from that house.

"Dad, I performed well, right?"

"Yes, but take a luxurious taxi next time. It's dangerous at night."

 absent-minded : 딴데 정신이 팔린

pay attention to : ~에 유의하다. 신경 쓰다

death anniversary : 기일

영원히 죽지 않는 샘

아주 먼 옛날, 깊은 산속에 동굴이 있고, 그 안에는 한번 마시면 영원히 죽지 않는다는 샘이 있었다. 이 소식을 들은 바보 삼형제가 그 샘물을 마시러 갔다. 그런데 그 동굴 안에서 말을 하면 죽는다는 저주가 내려져 있었다.

드디어 바보 삼형제가 동굴에 들어가자 큰 형이 말했다.

"얘들아, 여기서 말하면 죽어. 그러니까 말하면 안돼!"

그러자 그는 즉시 죽었다.

둘째가

"그것 봐! 말하면 죽잖아."

하고 죽었다.

셋째가 좋아서 소리쳤다.

"나만 살았다."

그러자 그도 죽었다.

바보 삼형제가 돌아오지 않자 동네 사람들이 그들을 구하기 위해 동굴로 갔다.

그들이 동굴에 들어가자 이장 아저씨가 말했다.

"여러분, 여기서 말하면 죽습니다."

그러자 동네 사람들은 모두 "예!"하고 대답했다. 그리고 모두 죽었다.

永遠に死なない泉

昔々山奥に洞窟があって、その中には一度飲めば永遠に死なないという泉があった. この噂を聞いた馬鹿三人兄弟がその泉水を飲みに行った. ところがその洞窟の中で、ものを言えば死ぬという呪いが下されていた. いよいよ馬鹿三人兄弟が洞窟に入ると一番目の兄が言った.

"おまえたち、ここで話したら死ぬ. だから話してはいけない！"

すると彼はその場で死んだ.

二番目の兄が

"ほら見ろ！話したら死ぬんだ."

と言って死んだ.

三番目が気分良く叫んだ.

"俺だけ生き残った."

そして彼も死んだ.

馬鹿兄弟が帰って来ないので町内の人々が彼らを助けに洞窟に行った. 彼らが洞窟に入ると町内会長が言った.

"皆さん、ここで話すと死んでしまいます."

すると町内の人々が皆 "はい" と答えた。そして皆死んだ.

 ## The Eternal Fountain

A long long time ago, there was a story from a small village.

There was a fountain in the cave on top of a mountain, and if anyone drink fountain water, the person will have an eternal life.

Three moron brothers who have heard the story decided to go

to the cave to drink fountain water. There was one promise to keep to drink fountain water. If you say anything, you will be dead. Finally, three moron brothers arrived at the cave.

The oldest brother said.

"Hey, don't say anything! You will be dead."

Then he died. The middle brother said.

"See, he said, he died."

Then he died. The youngest brother said.

"I am survived!"

Then he also died. Villagers decided to go to the cave after a long wait for moron brothers.

They talked each other not to say anything in the cave. Finally, they went into the cave. The village chief said.

"If you say here, you will be dead."

Then he died. Then villagers answered.

"Yes."

Then all died.

on top of~ : ~의 위에

 ## 부부란?

3주 서로 연구하고, 3개월 사랑하고,

3년 싸우고, 30년 참고 견딘다고 합니다.

부인 : 여보 3분 후에 지구의 종말이 온다면 당신은 뭘 할꺼야?

남편 : 음.....마지막으로 당신을 즐겁게(?) 해줄게.

그러자 아내 왈,

"그럼 나머지 2분은 뭐 할건데?"*^^*

 ## 夫婦と言うのは?

3週お互いに研究して，3ヶ月愛して，

3年争って，30年我慢して耐えると言います。

妻： あなた 3分後に地球の終末が来たらあなたは何をするの?

夫： うーん..... 最後にあなたを楽しく(?) させてあげる。

すると妻曰く，

"それでは残り 2分は何をするの?" ^^

 ## Married couple?

Most married couples research each other for 3 weeks, love each other for 3 months, fight for 3 years, and endure for 30 years.

Wife : Honey, what are you going to do if the earth explore in

3 minutes?

Husband : I will make you happy in bed.

Wife : What are you going to do for the extra 2 minutes?

 ## 실망

유치원에 다니는 5살박이 아들이 곰곰이 생각하다가 엄마에게 물었다.

"엄마 나는 어떻게 이 세상에 태어난 거야?"

그러자 엄마가 대답하였다.

"응, 너는 하나님이 만들어 주셨단다."

그러자 아들은 매우 실망한 듯이 이렇게 말하는 것이었다.

"아니, 그럼 아빠는 뭐 한 거야?"

 ## 失望

幼稚園に通う 5歳の息子がじっと考えてからママに聞いた.

"ママ私はどうやってこの世の中に生まれてきたの?"

するとママが答えた.

"うん, お前は神様が作ってくださったの."

すると息子は非常にがっかりしたようにこんなふうに言った.

"いやそれじゃパパは何をしたの?"

 ## Boy's Disappointment

A five-year-old kindergartener asked his mom.

"Mom, how did I come to this world?"

His mother answered.

"God made you."

The son seemed very disappointed and said.

"What did dad do?"

신부님은 거짓말을 못한다

품위 있는 한 귀부인이 비행기 안에서 옆에 앉은 착한 신부님에게 말했다.

"신부님, 한 가지 청해도 될까요?"

"물론입니다. 뭘 도와드릴까요?"

"문제가 한 가지 있는데요, 신부님! 제가 비싼 돈을 주고 산 털 뽑는 바이브레이터(여성 자위기구를 뜻함)를 하나 샀는데요. 그런데 제가 면세한계를 넘어서 이걸 세관에 신고하면 압수를 당할지 모릅니다. 이걸 신부님의 법의(法衣: 유니폼) 속에 숨겨주실 수 있을까요?"

"물론입니다. 근데 신부는 거짓말 못한다는 것은 아셔야 합니다."

"신부님은 참으로 선량한 얼굴을 가지셨으니까 세관원이 질문도 아니할 거라고 믿습니다."

그리고는 그 털 뽑는 기계를 신부님의 바지 주머니에 넣어주었다.

비행기가 목적지에 도착하였다. 신부님이 세관원 앞에 오자 세관원이 물었다.

"신부님, 신고하실 게 있습니까?"

"내 머리에서부터 허리띠까지는 신고할 게 없습니다."

대답에 이상함을 느낀 세관원이 다시 물었다.

"그럼 허리띠 아래에는 뭐가 있습니까?"

"기찬 작은 물건이 하나 들어 있는데, 여자를 위하여 만들어진 것이라서 한 번도 써 본 적이 없습니다."

세관원은 웃음을 터트리면서 말했다.

"그냥 가십시요, 신부님. 다음 분!"

神父様は嘘がつけない

品位ある一人の貴婦人が飛行機の中で横に座った善良な神父様に言った.

"神父様, 一つ頼んでも良いでしょうか?"

"勿論です. 何をお手伝いしましょうか?"

"問題が一つありますが, 神父様! 私が高いお金を払って毛抜き
バイブレター (女性自慰器具を意味する) を一つ買ったんです. とこ
ろが私が免税限界を越えていて、これを税関に申告すれば押収にあう
かも知れないんです. これを神父様の法衣(法衣: ユニホーム)の中に
隠してくださることができるでしょうか?"

"勿論です. ところで神父は嘘をつけないことはご存じですよね."

"神父様はまことに善良な顔をしていらっしゃるから税関員が質問も
しないと信じます."

そしてその毛抜き機械を神父様のズボンのポケットに入れた.

飛行機が目的地に到着した. 神父様が税関員の前へ来ると税関員が聞
いた.

"神父様申告するものがありますか?"

"私の頭から腰までは届けるものがないです."

返事が妙だと思った税関員がまた聞いた.

"それでは腰の下には何がありますか?"

"すごい小さな品物を一つ持っていますが, 女のために作られたものな
ので一回も使って見たことがないです."

税関員は笑いを噴き出しながら言った.

"そのままいらっしゃってください. 神父様. 次の方!"

 ## Priest Can't Lie

A very distinguished lady was on a plane arriving from Switzerland.

She found herself seated next to a nice priest whom she asked.

"Excuse me Father, may I ask a favor?"

"Of course, what can I do for you?"

"Here is the problem. I bought myself a new sophisticated vibrating hair remover for which I paid an enormous sum of money. I have really gone over the declaration limits and I am worried that they will confiscate it at customs. Do you think you could hide it under your cassock?"

"Of course I could, my child, but you must realize that I can not lie."

"You have such an honest face, Father. I am sure they will not ask you any questions."

She gave him the 'hair remover.' The aircraft arrived at its destination. When the priest presented himself to customs he was asked,

"Father, do you have anything to declare?"

"From the top of my head to my sash, I have nothing to declare, my son", he replied.

Finding this reply strange, the customs officer asked,

"And from the sash down, what do you have?"

The priest replied.

"I have there a marvelous little instrument destined for use by women, but which has never been used."

Breaking out in laughter, the customs officer said,

"Go ahead Father. Next!"

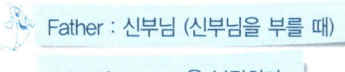

Father : 신부님 (신부님을 부를 때)

ask a favor : ~을 부탁하다

나는 비밀을 알고 있다

톰이 동네 친구에게 흥미로운 사실을 들었다.

"야, 어른들은 모두 다 비밀이 꼭 한 가지씩 있거든! 그걸 이용하면 용돈을 많이 벌 수 있어!"

톰은 실험해 보기 위해 집에 가자마자 엄마에게 말했다.

"엄마, 나는 엄마의 비밀을 알고 있어."

그러자 엄마가 놀라서 얼른 10달러를 쥐어주며 말했다.

"아가, 절대 아빠에게 말하면 안 된다."

톰은 아빠가 오길 기다렸다가 아빠에게 슬쩍 말했다.

"아빠, 나는 아빠의 비밀을 알고 있어."

그러자 아빠도 톰을 방으로 데리고 가서 20달러를 주며 말했다.

"너 절대로 엄마에게 말하면 안 된다."

톰은 계속 용돈이 생기자 신이 나서 다음날 아침 우편배달부 아저씨가 오자 말했다.

"아저씨, 나는 아저씨의 비밀을 알고 있어요."

그러자 우편배달부는 눈물을 글썽거리며 말했다.

"그래, 이렇게 될 줄 알았다. 이리 와서 아빠에게 안기려무나."

 ## 私は秘密を知っている

トムが町内の友達からおもしろい事実を聞いた.

"ね, 大人たちはみんな秘密が必ず一つずつあるんだ! それを利用すれば小遣いをたくさん儲けることができるぞ!"

トムは実験して見るために家に行くやいなやママに言った.

"ママ, 僕はママの秘密を知っている."

するとママが驚いてすぐ10ドルを握らせて言った.

"坊や, 絶対パパに言ってはいけないよ."

トムはパパが帰って来るのを待ってパパにこっそり言った.

"パパ, 僕はパパの秘密を知っているよ."

するとパパもトムを部屋に連れて行って 20ドルをあげながら言った.

"お前絶対にママに言ってはいけないぞ."

トムはずっと小遣いができると浮かれて翌日の朝郵便配達のおじさんが

来ると言った.

"おじさん, 僕はおじさんの秘密を知っています."

すると郵便配達員は涙を流しながら言った.

"そう, このようになると思った. こちらに来てパパに抱かれなさい."

 ## I Know the Secret

Tom heard an interesting story from his friend.

"You know what? Every adult has their own secrets. We can use that secret to earn some money."

Tom was curious about whether it would really work. He told his mom.

"Mom, I know all the secret."

Mother was surprised and gave him $3.

"Sweetie, don't ever tell your dad."

Tom was waiting his dad to come home and said.

"Dad, I know all the secret."

His dad brought him to a room and gave him $ 5.

"Don't tell your mom."

Tom was very happy to receive money. Next day, when the postman came in the morning, Tom said.

"Sir, I know all the secret."

The postman had tears in his eyes.

"I know it would happen. Come here, my son."

 tears in one's eyes : 눈물을 글썽이다

맹구의 실수

맹구가 빨간 신호등을 무시하고 달리다 잠복해 있던 경찰관에게 걸렸다. "당신 빨간불 못 봤소?"

"봤지요!"

"그럼 왜 정지하지 않았소?"

"당신을 못 봤으니까요."

メングの失敗

メングが赤信号を無視して走り、取り締まりをしていた警察官に捕まった.

"あなたは赤信号を見ましたか?"

"見ました."

"それじゃどうして止まらなかったの?"

"あなたを見なかったからです。"

Mangoo's Mistake

Mangoo ignored the red light and was caught by a police officer.

"Didn't you see the red light?"

"Yes, I did."

"Why didn't you stop?"

"Because I didn't see you."

사람보다 머리 좋은 곰

곰이 자기에게 총을 겨누고 있는 사냥꾼을 향해 백기를 보여주며 말했다.

"우리 싸우지 말고 서로 협상하면 어떻겠소?"

"좋지, 난 곰가죽으로 만든 코트가 입고 싶걸랑.^^"

"그건 별로 어려운 문제가 아니네요. 그런데 그 전에 배가 고프니까 먼저 내 굴로 가서 방법을 찾읍시다."

굴 입구에 이르자 곰이 갑자기 사냥꾼을 물어뜯었다.

사냥꾼이 놀라서 말했다.

"이봐, 약속이 틀리잖아."

그러자 곰이 말했다.

"뭐가 틀려? 내가 너를 내 뱃속에 집어 넣으면 넌 자동으로 곰가죽 코트를 입게 되는 거잖아."

 ## 人間より頭の良い熊

熊が自分に鉄砲で狙っている狩人に向かって白旗を見せながら言った.

"私たちは争わずにお互いに交渉するのはどうですか?"

"よし，私は熊の革で作ったコートが着たいんだ＊^"

"それはあまり難しい問題ではないですね． ところでその前にお腹がすいているから先に私の洞穴に行って方法を捜しましょう."

洞穴の入口に着くと熊が急に狩人をかみちぎった.

狩人が驚いて言った

"おい，約束が違うんじゃないの."

すると熊が言った.

"何が違う？ 私がお前を私の腹の中に入れればお前は自動的に熊の革のコートを着るようになるんじゃないか."

 ## Smart Bear

A bear surrendered to the hunter who was about to shoot.

"Why don't we negotiate instead of a fight?"

"Good! I'd like to wear a bear fur coat."

"That's not hard. I am hungry and we can go to my cave to discuss."

When they arrived in front of the cave, the bear bit the hunter. The hunter screamed.

"Hey! You broke the promise."

The bear answered.

"No, I didn't. When I eat you, you will automatically wear the bear fur coat."

바나나 사건

　어느 아줌마가 사과를 한 봉지 사오면서 덤으로 바나나 두 개를 얻었다.

　전철을 타고 집에 오는데 사람이 미어 터졌다. 그래서 밀치고 밀리다가 결국 바나나 하나가 뭉개지고 말았다. 아줌마는 나머지 하나는 꼭 지키겠노라 생각하고 단단히 붙잡았다.

　한참 후, 뒤에 있던 청년이 말했다.

　"아줌마, 저 두 정거장이나 지났어요. 이제 내리게 좀 놔 주세여!"

 ## バナナ事件

あるおばさんがりんご一袋を買ってお負けでバナナ二本をもらった.
電車に乗って家へ来るのに人がいっぱいで、押され押しのけて結局バナナ一本が潰されてしまった. おばさんは残りの一本は必ず守ろうと思ってしっかりと握った.
しばらくして，後ろにいた青年が言った.
"おばさん，あの、二つの停車場も過ぎました. もう降りるのでちょっと放してやってください!"

 ## Banana Incident

　A lady bought a bunch of apples and received two bananas for bonus.

She took the subway to come home and there were so many people in the subway.

One banana was mashed by too many people in the subway.

The lady wanted to keep the other banana and held tight.

When the subway stopped at a station, a guy said.

"Please, leave me alone. I should've gotten off two stops before."

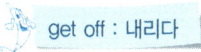 get off : 내리다

공상과학 소설

대형서점에 한 남자가 들어와서 여러 곳을 기웃거리며 책을 찾다가 못 찾자 카운터로 다가가 아가씨에게 물었다.

"저 아가씨, 남자가 여자를 지배하는 비결에 관한 책이 어디에 있지요?" 그러자 아가씨가 퉁명스럽게 쏘아붙였다.

"손님, 공상과학소설 코너는 저쪽입니다!"

 ## 空想科学小説

大型書店に一人の男が入って来ていろいろな所をあっちこっち覗いて本を捜したか捜す事ができなくでカウンターに近付いて行って女子従業員に聞いた.

"あのお嬢さん, 男が女を支配する秘訣に関する本がどこにありますか?" すると計算をしていた 女子従業員 がぶっきらぼうに言い放った.

"お客さん, 空想科学小説コーナーはあちらです!"

 ## Sci-Fi Novel Story

A man entered a big book store and looked for a book here and there. He couldn't find a book and went to the counter to ask to a clerk. "Miss, where is the book about how men control women?"

The clerk answered without looking him.

"'Science Fiction Section' is over there."

 sci-fi : 공상과학 (소설,영화)

소통하는 리더에게 필요한
글로벌 유머

엮은이 · 강길원
펴낸이 · 임종대
펴낸곳 · 미래문화사

초판 1쇄 인쇄 · 2010년 7월 17일
초판 1쇄 발행 · 2010년 7월 21일

등록 번호 · 제3-44호
등록 일자 · 1976년 10월 19일
주소 · 서울시 용산구 효창동 5-421 1F
전화 · 715-4507 / 713-6647
팩시밀리 · 713-4805

E-mail · mirae715@hanmail.net
홈페이지 · www.miraepub.co.kr

ⓒ2010, 미래문화사
ISBN 978-89-7299-382-7 03810

이 책의 판권은 도서출판 미래문화사에 있으므로
책에 사용된 그림과 글을 허락 없이 사용할 수 없습니다.
저자와의 협의로 인지는 생략합니다.
잘못된 책은 바꾸어 드립니다.